PHILIPPE LE BEL

ET

LA NOBLESSE FRANC-COMTOISE

ÉTUDE HISTORIQUE

PAR

Frantz FUNCK-BRENTANO

SOUS-BIBLIOTHÉCAIRE A LA BIBLIOTHÈQUE DE L'ARSENAL.

Extrait de la *Bibliothèque de l'Ecole des chartes,*

année 1888.

PARIS

1888

PHILIPPE LE BEL

ET

LA NOBLESSE FRANC-COMTOISE

L'acquisition de la Franche-Comté a été un des plus beaux succès du gouvernement de Philippe le Bel. Les événements qui ont entouré cet important résultat n'ont pas encore été l'objet d'une étude spéciale. Nous espérons montrer dans les pages suivantes qu'ils étaient dignes d'être mis en lumière. Ils ont le mérite de jeter un jour inattendu sur la manière de faire de Philippe le Bel et par conséquent sur le caractère de ce roi dont la personnalité entourée de mystère passionne les historiens.

Les traités d'Évreux et de Vincennes qui livrèrent la Franche-Comté à Philippe IV sont bien connus : on les a analysés plus d'une fois [1]. On a également parlé, vaguement, il est vrai, et inexactement, des négociations que fit naître entre les cours de France et d'Allemagne l'acquisition par le roi de cette province d'Empire [2]. Mais l'histoire de la lutte soutenue par Philippe le Bel contre le seul adversaire qu'il ait rencontré en haute Bourgogne, la noblesse du pays, restait à faire. Il existe des fragments de cette histoire épars dans de nombreux ouvrages [3]. Des chartes inédites conservées aux Archives nationales, à la Bibliothèque nationale, aux archives du Doubs [4] et au Musée

---

1. *Vid. infrà.*
2. *Vid. infrà.*
3. Voy. tous les livres et brochures cités plus bas.
4. Notre confrère et ami M. Henri Stein a eu la complaisance de dépouiller pour nous les archives du Doubs, ainsi qu'à la Bibliothèque nationale le fonds Joursanvault, dont il achève le classement. Il nous a communiqué entre autres

britannique nous ont permis de relier ces fragments les uns aux autres. Le travail des historiens est un travail de mosaïstes : chacun emboîte quelques petites pierres jusqu'à ce qu'enfin, par les soins d'un dernier venu, le tableau soit achevé.

Nous avons été frappé, au cours de nos recherches sur la fin du XIIIe siècle, du nombre considérable d'erreurs que les chroniques ont fait entrer dans les livres modernes ; erreurs qui nous ont amené à cette conclusion : qu'il ne faut jamais, pour l'époque dont nous nous occupons, accepter un fait d'un chroniqueur, à moins d'une raison particulière.

Nous nous sommes donc servi des chroniques de la manière la plus restreinte, ayant eu le bonheur de réunir des chartes en nombre suffisant pour établir un récit sur leur fondement inébranlable.

I. *Le roi et l'empereur en Franche-Comté.*

Trois grandes puissances dominaient, au XIIIe siècle, l'Europe occidentale : le roi de France, le roi d'Angleterre et l'empereur ou le roi des Romains. Depuis le triomphe de Philippe-Auguste, la puissance française apparaissait au premier rang, élevée par les meilleurs des Capétiens, à présent maintenue en vigueur par l'administration forte et énergique de Philippe le Bel. De là vint tout naturellement que les deux puissances moindres unirent leurs efforts pour entraver le développement de leur rivale grandissante. Et cette lutte, se divisant à l'infini, se répétait sur toutes les scènes : grande sur les grandes, petite sur les petites. Nous la retrouvons en Franche-Comté où nous allons la suivre. Nous ne l'examinerons pas sous toutes ses faces ; l'étroit espace d'un article de revue serait insuffisant. Nous proposant d'y revenir ailleurs, nous renverrons pour le moment aux ouvrages de Édouard Clerc[1] et de M. de Piépape[2], qui contiennent une histoire succincte et suffisamment

un document précieux, comme on en jugera ci-après (Pièces justif., n° 1). Nous lui devons une partie de notre article et nous tenons à lui exprimer notre reconnaissance. Nous devons également des remerciements à notre confrère M. E.-Daniel Grand, qui, de passage à Besançon, a fait pour nous des recherches complétant celles de M. Stein, et nous a envoyé des indications importantes.

1. *Essai sur l'hist. de la Franche-Comté*, 2e éd., 1870, 2 vol. in-8°.

2. *Histoire de la réunion de la Franche-Comté à la France*, 1881, 2 volumes in-8°.

exacte de la conquête du comté de Bourgogne par Philippe le Bel.

Nous ne voulons étudier ici qu'un seul point : la lutte de la noblesse franc-comtoise contre le roi de France.

Des quatre forces qui, à la fin du xiiie siècle, agissaient en Franche-Comté, — le comte suzerain, la noblesse féodale, la bourgeoisie des villes et le clergé, — deux étaient soumises à l'action française. La politique de nos rois[1] avait su se concilier les comtes suzerains de Bourgogne : les soutenant contre leurs vassaux rebelles, leur prêtant monnaie en cas urgent[2], les faisant entrer par de sages alliances dans leur famille et les attirant à leur cour, les poussant dans de lointaines expéditions à la suite des chevaliers français[3].

La bourgeoisie des villes, française de mœurs et de langue, était portée vers la France par ses sympathies[4] et ses intérêts[5]. D'ailleurs les rois la protégeaient dans sa lutte contre le clergé[6] que protégeait l'empereur[7].

La noblesse féodale, au contraire, suivait avec déplaisir le lent envahissement du pays par le roi de France. C'était un suzerain si commode que le roi des Romains, et dont l'autorité, bornée à quelques parchemins, ne sortait pas des coffres scellés de fer où ils étaient enfermés[8]. Certes, le roi de France avec ses baillis et

1. Voy., pour Philippe III, le récent livre de notre confrère Ch.-V. Langlois; pour Philippe IV, le livre de Boutaric.

2. Cf. Castan, *Siège de Besançon*, dans les *Mém. de la Soc. d'émul. du Doubs*, t. IV. Pièces justif., *passim*.

3. Othon IV suivit Robert d'Artois en Italie et Philippe III en Espagne.

4. « Les Comtois se montraient fatigués de la domination allemande. » Piépape, p. 31. — Voy., au Trésor des chartes, traité d'alliance du 5 juillet 1289 entre Philippe IV et les Bisontins. — *Et vid. infrà*.

5. Voy. dans F.-F. Chevalier, *Mém. sur la ville de Poligny*, I, 374, un acte du 29 mai 1291 par lequel Jean de Châlon-Arlay, obtenant de l'empereur le droit de battre monnaie, stipule qu'il pourra frapper des pièces « ad valorem denariorum parisiensium. » Ce fait, entre autres, montre à quel point le mouvement commercial de ces pays était déjà orienté vers la France à l'époque dont nous nous occupons.

6. Piépape, I, 32; Langlois, p. 85.

7. Dunod, *Histoire du comté de Bourgogne*, II, 213; Castan, *Hugues de Besançon*, dans les *Mém. de la Soc. d'émul. du Doubs*, 1865, p. 155; Piépape, I, 31-32.

8. En 1294, Othon IV écrivait à Philippe le Bel : « Li baronie du comté de « Bourgogne est si franche qu'en nulle partie li cuens est tenu de doner, ne à « servir, ne faire. » Gollut, *Mém. historique de la République séquanaise*,

ses sergents serait un autre maître ! Du jour où il aurait atteint son but, adieu leur franche et turbulente existence de vassaux indépendants ! Sa lourde main pèserait sur leurs épaules pour les ramener rudement dans l'ordre dont il leur semblait si joyeux de s'écarter.

Quant au clergé, il était divisé : le haut clergé, favorisé par l'empire, apparenté à la noblesse, était leur allié[1] ; le bas clergé, issu du peuple, partageait ses sympathies.

Mais il faut observer que parfois des prélats venaient de France siéger en pays de Bourgogne, y apportant leurs idées[2], de même qu'il arrivait qu'un fier baron prêtât l'oreille aux clairs arguments « bien sonnants et trébuchants » du roi de France[3], ou se résignât en quelque cas désespéré à implorer son appui[4].

Le principal adversaire que Philippe le Bel ait rencontré en Franche-Comté a été la noblesse du pays, et cette noblesse a été la cause première du succès de Philippe le Bel. Cela de deux manières. D'abord par ses divisions et querelles interminables qui déterminaient à chaque instant l'intervention du roi de France[5], lequel en profitait pour prendre pied dans le pays. Puis par l'incessante opposition qu'elle faisait au comte suzerain, de manière à lui rendre difficile, sinon impossible, l'administration de ses

p. 447. — Cf. Warnkœnig, *Französische Staatsgechichte*, 2ᵉ édition, p. 195 ; Johann Heller, *Deutschland u. Frankreich in ihren politischen Beziehungen*, p. 18 ; A. Wauters, *Table chron. des chartes concernant l'histoire de Belgique*, t. VI, p. iii.

1. Cf. Piépape, I, 48, et voy. plus bas la composition des ligues formées contre Philippe le Bel.

2. Cf. Piépape, I, 31.

3. Cf. Boutaric, *la France sous Philippe le Bel*, p. 413, et *vid. infrà*.

4. *Vid. infrà*.

5. On trouve dès 1290 des actes comme celui-ci : « Le roi de France mande à son sergent de contraindre par saisie mobilière et immobilière le sire de Beaujeu à payer au comte d'Auxerre, son gendre, la dot qu'il devait fournir à sa fille Marguerite » (6 octobre). Or. Arch. du Doubs, B 22, nº 1. Vers la même époque, Jean de Bourgogne, frère d'Othon IV, mécontent de la part d'héritage qui lui avait été attribuée, portait ses doléances au roi de France qui intervenait auprès du comte palatin. Voy. les documents dans Gollut, *op. cit.*, p. 444. En 1294, Jean de Châlon-Auxerre, en lutte contre Hugues de Bourgogne à propos de la mairie de Besançon, s'adressait également à Philippe IV. Cf. Gollut, p. 431. Voy. encore J. Heller, *Deutschland u. Frankreich...*, p. 124, et Leroux, *Recherches critiques sur les rel. dipl. de la France avec l'Allemagne*, p. 54-55.

États[1]. Nous trouverons dans cette opposition organisée en ligue l'une des raisons qui amenèrent Othon IV à s'abandonner si complètement entre les mains du roi de France[2].

Or, le plus puissant de ces vassaux dont le comte palatin avait tant de peine à se faire obéir était son jeune oncle Jean, comte de Châlon, baron d'Arlay[3], le dernier fils du fameux Châlon l'Antique. Par la haute situation de sa famille, l'étendue de ses domaines[4], les nombreux fiefs qui relevaient de lui[5] et sa valeur personnelle, le sire d'Arlay était le chef naturel de toute cette noblesse insoumise, ennemie éternelle de son suzerain[6].

Les empereurs allemands, par opposition au comte de Bourgogne, qu'ils voyaient entrer de plus en plus dans l'orbite de la vie française, grandissaient de tout leur pouvoir le comte de Châlon.

Jean de Châlon-Arlay avait épousé, en 1280, Marguerite, fille de Hugues IV de Bourgogne[7]; Rodolphe de Habsbourg épousa, le 6 février 1284, une seconde fille de Hugues, Isabelle de Bourgogne[8]. La princesse avait quatorze ans, Rodolphe soixante-quatre; mais, dorénavant, le sire d'Arlay et le roi des Romains pouvaient se traiter de frères : ils ne se quittèrent plus[9].

De même qu'Othon passait sa vie à la cour de France, le comte de Châlon s'attacha à la suite du roi des Romains[10]. Rodolphe de Habsbourg et Jean d'Arlay se convenaient à merveille : bruyants et batailleurs l'un et l'autre. Une parfaite entente s'établit entre eux, le baron dominant peut-être par l'ascendant de l'esprit le souverain qui l'emportait en puissance.

---

1. Piépape, I, 34.

2. *Vid. infrà.* — Dès l'année 1289, Othon IV, en lutte contre son vassal Jean d'Arlay et l'évêque de Bâle, alliés à l'empereur, écrivait à Philippe le Bel pour le prier de se saisir de la Franche-Comté. Voy. Castan, *Siège...*, p. 344.

3. Pour l'histoire généalogique de la maison de Châlon-Arlay, voy. D. Plancher, *Hist. de Bourgogne*, II, 366 sq.; Dunod, *Hist. du comté de Bourgogne*, II, 337; Chevalier, II, 364 sq.

4. Voy. le cartulaire de Hugues de Châlon-Arlay, *British Museum, add. mss.* 17305, copie à la Bibl. nat., fonds Moreau, 889, 890; et Dunod, II, 300 sq.

5. « La plus grande partie du département du Jura lui obéissait. » Clerc, I, 484.

6. Piépape, I, 39.

7. Clerc, I, 463.

8. Castan, *Siège...*, 341.

9. Castan, *Siège...*, 342.

10. Piépape, I, 43.

Le sire d'Arlay fut comblé de faveurs : « eu égard à ses mérites
« insignes, aux gracieux services qu'il avait rendus et ne man-
« querait pas de rendre à l'Empire, et pour se l'attacher par les
« liens d'une vassalité immédiate, » Rodolphe lui concéda, en
septembre 1288[1], à titre de fief, le droit de prélever dix sous sur
chaque balle de marchandise passant par Jougne[2], par les dio-
cèses de Besançon, Lyon, Vienne et Valence.

Vers la même époque[3], « ayant vivement à cœur l'honneur et
« le profit de son cher frère et féal Jean de Châlon, sire d'Arlay, »
Rodolphe lui donnait la terre, le château, la ville de Neuchâtel[4]
et toutes leurs dépendances, dont il venait de contraindre le pos-
sesseur Rolin, comte de Neuchâtel, à se démettre entre ses mains[5].

Aussi, l'an 1289, Rodolphe et Jean unirent-ils leurs bannières
dans une campagne en Franche-Comté contre les comtes de Bourgogne et de Ferrette[6]. Ils vinrent assiéger Besançon dont les
bourgeois, à la voix du parti français, s'étaient mis en armes
contre le roi des Romains[7]. Rodolphe se retira avant que la ville
eût ouvert ses portes : il nomma Jean d'Arlay son lieutenant,
lui confiant la direction des opérations jusqu'à la fin de la guerre.

Ce fut encore le comte de Châlon, plénipotentiaire de son beau-
frère, qui régla les conditions de la paix arrêtée, le 5 mai 1290,
entre Rodolphe et les Bisontins[8] ; de même que l'année précédente,
au cours des négociations qui aboutirent au traité du 1er septembre 1289, conclu entre Othon IV et Rodolphe, celui-ci, pour
la plus grande humiliation du comte de Bourgogne vaincu, lui
avait imposé, comme intermédiaire entre eux, son vassal et
ennemi Jean de Châlon-Arlay[9].

Quelques semaines[10] avant de mourir, le vieux souverain allemand accordait encore à son fidèle allié la fructueuse avouerie

---

1. 17 septembre, Doc. publ. par Chevalier, I, 372.
2. Arr. de Pontarlier, cant. de Mouthe.
3. 1288, 13 sept., Doc. publ. par Chevalier, I, 371.
4. Arr. de Montbéliard, cant. de Pont-de-Roide.
5. Dunod, II, 287.
6. Voy. au Trésor des chartes, J 247, n° 12, lettres d'Othon de Bourgogne
et de Thiébaut de Ferrette qui s'allient à cinq ans contre le roi des Romains.
7. Cf. Piépape, p. 42. — Voy. une étude sur le siège par A. Castan, *loc. cit.*
8. Doc. publ. par Piépape, I, 472.
9. Doc. publ. par Chevalier, I, 372.
10. Le 29 mai 1291.

de l'abbaye de Saint-Claude[1], et, « pour le grandir en gloire et honneur, » le droit régalien de battre monnaie par toute sa terre[2].

Adolphe de Nassau continua en Bourgogne la politique de son prédécesseur : humilier par tous les moyens possibles le comte palatin, et par tous les moyens possibles grandir le comte de Châlon-Arlay.

Othon avait cru pouvoir, en sa qualité de seigneur suzerain, imposer les marchandises qui suivaient l'ancienne voie romaine de Jougne à Dôle. Ce droit de péage nuisait au péage de Jougne, dont Rodolphe avait enrichi Jean d'Arlay : de là des difficultés, qui furent tranchées par Adolphe de Nassau en faveur du comte de Châlon[3].

Afin de plaider sa cause en personne, Othon s'était rendu devant Colmar que le roi des Romains assiégeait, et c'est en présence des princes d'empire assemblés que le roi lui donna tort contre son vassal.

Othon poursuivait à Colmar une double négociation : il ne réussit pas mieux dans la seconde que dans la première.

Jean d'Arlay avait acheté à Eudes de Montferrant et à Humbert de Clervaux la mairie et la vicomté de Besançon, fiefs d'empire qui mettaient entre ses mains la justice et l'administration de la cité. L'archevêque et les bourgeois de Besançon, inquiets de voir un homme trop puissant prendre une place aussi considérable dans leur ville, se refusèrent à laisser le comte de Châlon entrer en possession de ses nouvelles dignités. Ils lui opposèrent même un compétiteur, Hugues de Bourgogne, frère d'Othon. Le

---

1. Doc. publ. par Chevalier, I, 375.

2. Doc. publ. par Chevalier, I, 374.

3. Cf. Clerc, I, 477. — Ce péage de Jougne donnait des revenus importants. Othon s'efforça naturellement de lui nuire le plus possible. Nous trouvons, à la date de 1293 (10 juin), des lettres de Hugues de Bourgogne, — frère d'Othon IV, tout dévoué à son frère et au roi de France, — adressées à Jehancien, panetier du roi, et Robert Champagne, marchand et gardien des foires de Champagne et de Brie, aux capitaines des Lombards et des Provençaux et aux consuls des terres d'outre les monts et deçà, par lesquelles il les prie de ne pas mener leurs marchandises qui doivent péage parmi les terres de Jean de Châlon, soit en la ville de Jougne ou autre part. Or., Trésor des chartes, J 254, n° 23. Mais cette mesure causait du tort au commerce français. Philippe le Bel fit entendre des réclamations et, quelques semaines plus tard (1293, 6 juillet), Othon rapporta la mesure que son frère avait prise à sa prière. Or., Trésor des chartes, J 255, n° 24.

comte palatin appuya son frère et une lutte armée éclata[1]. La guerre durait encore tandis qu'Othon était à Colmar. Adolphe trouva bon de confirmer sur-le-champ (octobre 1293) au baron d'Arlay la conquise de la mairie et de la vicomté de Besançon[2].

Et c'est ainsi que de plus en plus le roi des Romains écartait de lui le comte palatin de Bourgogne, lui rendait de plus en plus difficile le gouvernement de ses domaines, et le poussait lui-même à chercher secours auprès du roi de France. Espérait-il que la noblesse franc-comtoise, devenue, grâce à lui, trop puissante, opposerait, le moment venu, une barrière assez forte aux entreprises du roi de France secondé par le souverain du pays ? Que n'avait-il alors l'énergie d'enlever à Othon IV la couronne des comtes de Bourgogne pour la placer sur la tête de quelqu'un de ces nobles ? Othon lui fournissait plus d'un bon prétexte à le faire. Mais les empereurs ne semblaient pas viser plus haut qu'à taquiner le comte palatin dont les sympathies françaises les irritaient; et nous verrons plus loin les conséquences de cette politique de souverains prenant conseil de leur mauvaise humeur.

II. *Philippe le Bel achète la Franche-Comté.*

Lorsqu'en 1285, Ottenin, — c'est le nom sous lequel les vieux historiens désignent Othon IV de Bourgogne, — fut revenu de la campagne de Sicile, il s'empressa d'épouser sa fiancée Mahaut, fille de Robert d'Artois. Elle lui apportait en dot l'Artois et recevait un douaire de Philippe III[3]. La même année, Othon IV fit partie de l'expédition d'Aragon. Quand il en revint, il avait le cœur plus français que le roi de France qu'il nommait son « très chier seigneur[4], » et qui l'appelait « son fidèle[5]. »

Gollut, dans son vieux et curieux livre sur la Franche-Comté[6], prétend[7] que « le mariage de Philippe, comte de Poitiers, qui fut « puis après roy de France, havoit esté mis en termes depuis

---

1. Pour ces faits voyez Dunod, II, 307-8; Clerc, I, 477-8.
2. Or. au *British Museum, add. mss.* 17305, fol. 179.
3. 1285, janvier.
4. Clerc, I, 465.
5. Pour ces faits, voyez Clerc, Piépape, Langlois.
6. Les *Mémoires historiques de la République séquanaise,* par Lois Gollut, in-fol. Dôle, 1592.
7. P. 476.

« l'an 1285. » Nous sommes disposé à le croire[1]. M. Leroux
va plus loin lorsqu'il écrit à la date de 1289 : « Sous prétexte
« que son comté était un alleu héréditaire, Othon refusa aux
« envoyés de Rodolphe l'hommage qu'il lui devait. En réalité, il
« avait reçu de Philippe l'investiture de son domaine[2]. » Cette
opinion invraisemblable n'a d'autre fondement que le dire du
chroniqueur Ottokar[3]. Elle est à rejeter[4]. « La seule chose qu'il
« soit possible d'affirmer, écrit fort bien M. Johann Heller, c'est
« qu'Othon se refusait à tenir son fief de l'empire[5]. »

La rupture fut éclatante. Rodolphe de Habsbourg envahit la
Franche-Comté. Othon, mal soutenu par Philippe, dut se sou-
mettre, promit l'hommage, et le roi des Romains pardonna au
vassal rebelle par un acte du 4 septembre 1289[6], confirmé le
20 du même mois[7].

Mais Rodolphe avait à peine le dos tourné qu'Othon reprenait
ses relations avec la cour de France et renouait les négociations
qui traînaient depuis 1285[8] et qui aboutirent, le 12 juin 1291,
au traité d'Évreux. Othon IV et Mahaut d'Artois fiançaient leur
fille Jeanne à l'un des fils de Philippe le Bel. Ce mariage devait
au pis aller enrichir la maison de France de la baronnie de Salins.
Dans le cas où le comte palatin viendrait à mourir sans hoir mâle,
le mari de Jeanne hériterait de tout le comté de Bourgogne, et,
« se par avanture le comté d'Artois eshaoit à Mahaut, » de tout
le comté d'Artois. Othon s'engageait en outre à faire renoncer
le souverain allemand au droit de suzeraineté qu'il exerçait sur
la Franche-Comté[9]. Un mois plus tard[10], les deux princes

1. Dans le traité d'Évreux (9 juin 1291, *vid. infrà*), nous lisons « après moult
de traités eus entre... Philippe, roi de France, et nous (Othes cuens palatin). »
Publ. par Chevalier, I, 374.

2. *Recherches critiques*, p. 54.

3. Ap. Pez, *Scriptores rerum austriacarum*, III, 291.

4. Il est regrettable que M. Leroux, dont le livre rend d'ailleurs de précieux
services, ait attaché une importance exagérée aux commérages des chroniqueurs.
Ceux-ci ont mal payé l'auteur de sa confiance en le trompant plus d'une fois.

5. Johann Heller, *Deutschland u. Frankreich*, p. 106.

6. Or., Trésor des chartes, J 250, n° 2.

7. Or., Trésor des chartes, J 610, n° 17. Publ. ap. Chevalier, I, 373.

8. Cf. Gollut, p. 429.

9. Or., Trésor des chartes, J 255, n° 122, et J 408, n° 5; Arch. du Doubs,
B 773; Cop. B. N., fonds Dupuy, 113, fol. 23; publ. par Chevalier, I, 376, et
Piépape, I, 435.

10. 9 juillet 1299.

arrêtèrent à Asnières un traité qui faisait plus belle encore la part du roi de France[1].

Dès l'année 1285, si nous en croyons M. de Piépape[2], au retour de Sicile, au lendemain des noces d'Othon de Bourgogne et de Mahaut d'Artois, se serait formée une première ligue de seigneurs franc-comtois, lesquels, voyant dans les tendances françaises de leur suzerain un danger d'asservissement pour la province, se seraient unis pour mieux tenir ses projets en échec. « Allant spontanément à l'encontre des événements et prévoyant « le prochain avenir qui leur était réservé, ils se promirent réci- « proquement de ne jamais prêter l'hommage au roi de France, « ni aux princes ses enfants, quand bien même le comte leur « céderait son comté à quelque titre que ce fût. »

L'auteur n'indique pas de source, et nous devons avouer que nous n'avons trouvé nulle part, dans aucune charte, dans aucune chronique, dans aucun historien, trace de cette première confédération. Mais, comme il serait ridicule de prétendre que rien ne nous a échappé, nous ne pouvons rejeter le fait, quelque douteux qu'il nous paraisse, sans autre forme de procès.

La première confédération de seigneurs francs-comtois qui soit venue à notre connaissance a été formée par un acte du 27 février 1294. Le traité d'alliance, qu'on lira parmi nos pièces justificatives[3], est d'autant plus important que cette confédération est sans doute la première en date, et que l'acte constitutif nous donne sur l'organisation de ces ligues des détails que nous ne trouverons plus dans les traités suivants.

Philippe le Bel et Othon IV avaient résolu de tenir cachées[4] les conditions sous lesquelles Jeanne de Bourgogne avait été fiancée à un prince de la maison de France ; peu à peu cependant le secret s'était ébruité et, sur la fin de l'année 1293, la nouvelle s'en était répandue en Franche-Comté.

1. Jeanne de Bourgogne devait apporter outre la baronnie de Salins « le chastel de Montrom. » Or., Trésor des chartes, J 254, n° 16, et J 408, n° 5 *bis.*

2. *Op. cit.*, I, 37.

3. N° 1. — M. Hauréau a signalé cet acte dans le tome XVI de la *Gallia christiana* (p. 158); mais il le place à tort en 1293. Le traité est du 27 février 1293 (v. st.). L'année commençait en Franche-Comté au 25 mars, fête de l'Annonciation. D'Estavayer parle également de ce traité dans son *Hist. gén. des sires des Joux* (dans la *Coll. de doc. inédits pour l'hist. de la Franche-Comté,* t. III) pour signaler l'adhésion de Henri de Joux.

4. Cf. J. Heller, *Deutschland u. Frankreich,* p. 115.

Le 27 février 1294, vingt-huit barons de haute Bourgogne se rencontrèrent à Besançon et formèrent, avec l'abbé de Luxeuil, « par bien de païs » et leur commun profit, une ligue défensive confirmée par leur « sairemens donnés sus saintes ewangiles. » Ils se promettaient mutuel appui, de s'aider « à grande force et à petite, » de s'ouvrir réciproquement leurs châteaux. Ils établissaient six d'entre eux, les sires de Veler, de Joux, de Faucogney, de Villeneuve, de Rayl et Ponicart, sire de Rans, pour former un conseil dirigeant auquel chaque confédéré était tenu d'obéir, se mettant en armes à la première réquisition. Et, dans la crainte que des divisions ne vinssent affaiblir leur union, tous s'engageaient à compromettre de leurs différends entre les mains de ce conseil. La ligue disposait d'un trésor commun alimenté par des cotisations proportionnées à la fortune d'un chacun : l'abbé de Luxeuil avait à verser annuellement vingt livres, tandis que le chevalier Jean de Vaites ne versait que quarante sols. La ligue avait également à son service une petite armée de quarante et quelques « hommes armés de fer » fournis et entretenus par les confédérés. Argent et soldats étaient mis à la disposition des six commissaires, pour répondre à l'appel de ceux des alliés qui réclameraient leur secours. Tous prenaient l'engagement de comparaître dès qu'ils seraient convoqués par le conseil. Au cas où l'un d'eux viendrait à quitter le pays, il était tenu « de laisser tel en lieu de lui qui « pût faire autant comme il ferait s'il était présent. » Une amende de cent marcs d'argent, dont les alliés s'obligeaient à poursuivre le paiement, devait être infligée au premier qui se soustrairait aux devoirs imposés par le traité d'alliance. Enfin la durée de la ligue était fixée à dix ans.

Les confédérés, outre les six établis pour le conseil, étaient : Thiébaud III, abbé de Luxeuil, Henri de Joux et Jean son fils, Aimé de Faucogney et Jean son fils, les sires de Saint-Loup, de Flagey, de Rayl, Pierre et Jean de Bellemont, les sires de Mornay, de Fonvens, de Corcondray, de Ronchamp, de Chavirey, de Vaytes et quelques autres.

On s'étonnera de ne pas trouver parmi eux les deux plus puissants barons du pays, les plus redoutables adversaires d'Othon IV et de l'influence française, le sire d'Arlay et son frère aîné Jean de Châlon-Auxerre[1]. Le 20 décembre 1293, tous deux avaient

---

1. Pour la généalogie de la famille de Châlon-Auxerre, voir Dunod, II, 336.

conclu avec le comte palatin un traité de paix sous caution qui en assurait l'observance[1].

Quelque avantageuses que fussent pour la maison de France les conventions d'Evreux et d'Asnières, elles ne satisfaisaient pas encore les belles ambitions de Philippe IV. Il sut, avec beaucoup d'habileté, mettre à profit les faiblesses du caractère d'Othon, ses embarras financiers, ses sympathies et ses rancunes, de telle sorte qu'il l'amena peu à peu à conclure ces étonnants traités de 1295 qui vendirent pour un sac d'écus l'une des plus belles provinces de France.

En février 1295, par des lettres données à Paris, Othon IV laissait à Philippe le Bel le soin de gouverner le comté de Bourgogne et d'en percevoir les revenus. Il promettait même de rembourser au roi les frais qu'occasionnerait cette administration[2].

Quelques semaines plus tard, le 2 mars 1295, était arrêté à Vincennes le contrat de mariage de Jeanne de Bourgogne avec l'un des deux fils aînés de Philippe le Bel, au choix du roi. Jeanne apportait en dot toutes les possessions de son père, et Philippe IV en était dès à présent nommé administrateur en lieu et place du futur époux[3]. Pour plus de sûreté, Othon confiait sa fille au roi de France qui se chargeait de son éducation jusqu'à ce qu'elle fût en âge de se marier. Le comte palatin recevait en échange de ses domaines 100,000 livres tournois, plus une rente viagère de 10,000 livres. Le roi s'engageait en outre à renter, doter, éduquer et établir convenablement les enfants qui pour-

---

1. Or., Trésor des chartes, J 254 A, n° 22.

2. Or., Trésor des chartes, J 248, n° 5. — Nous lisons dans un acte du 2 mars 1295 : « Noverit universitas vestra quod cum inter excellentissimum Principem Dominum nostrum, Dominum Ph... et nos (Othonem comitem Burgundie) certe pactiones et convenciones inite fuerunt et firmate per quas nos de toto comitatu nostro, baronia, tota terra, feodis, retrofeodis, homagiis et juribus quibuscumque, nos ex nunc dessesire tenemur et ipsum Dominum Regem inducere, vel ejus mandatum, in corporalem et pacificam possessionem eorum, ita quod de predictis omnibus ex nunc faciat fructus suos. » Or., Trésor des chartes, J 254 A, n° 28.

3. Or., Trésor des chartes, J 250, n° 5, et J 408, n° 9; Cop. B. N., fonds Brienne, n° 97, fol. 95. Publ. par Dumont, *Corps diplom.*, I¹, 292, col. 2; Pérard, *Recueil*, p. 574; D. Plancher, II, *Preuves*, p. xxxvi. — Le traité fut confirmé devant l'official de Paris, le 20 mars 1295. Or., Trésor des chartes, J 408, n° 5.

raient encore naître du mariage d'Othon IV et de Mahaut d'Artois. Enfin le comte de Bourgogne s'obligeait à payer 400,000 livres tournois dans le cas où il viendrait à rompre le contrat.

Si nous cherchons les causes de l'étrange conduite du comte palatin, nous en trouverons plusieurs. En première ligne, il faut placer l'impossibilité où le malheureux se trouvait de gouverner son patrimoine par suite de l'hostilité des souverains allemands, de l'opposition que lui faisait la noblesse et de ses embarras financiers. Le pauvre comte n'avait pas sou vaillant, et il était chargé de dettes à tel point qu'au moment de lui payer le prix de son comté, Philippe le Bel, respectueux de la morale publique, stipula que la moitié de la somme serait versée entre les mains des créanciers [1].

Ajoutons les ennuis suscités au comte palatin par son voisin le duc de Bourgogne qui, se prétendant suzerain d'une partie de la Franche-Comté, exigeait du comte le serment de foi et hommage [2]. En outre, Jean de Bourgogne, frère d'Othon IV, réclamait contre le partage du domaine paternel et s'était mis à la tête des mécontents dans l'espoir de le faire modifier [3]. Othon IV avait depuis longtemps donné des preuves éclatantes de son dévouement à la cour de France; son mariage avec Mahaut d'Artois, princesse très française, qui prit une grande influence sur l'esprit de son époux, avait accentué ses sympathies. D'ailleurs, le comte palatin devait avoir à cœur de se venger du roi des Romains, dont il avait tant eu à se plaindre.

Enfin, Philippe le Bel avait affriolé cet homme d'un esprit superficiel et vaniteux, enamouré du faste, des plaisirs et des

---

1. Voy. le traité de Vincennes et aux Archives nationales un compte de l'année 1300 : « *Quidam rotulus de compoto inter regem et Othonem comitem Burgundie.* Premièrement doit li Rois au conte se il a eu la sezine corporelle et les homages des barons et des homes de la terre de Bourgongne LV^m l. tr. dont li roys dut livrer auz hostes et au créanciers du conte XXV^m l. et au conte XXX^m l. » — Or., Trésor des chartes, J 255, n° 143.

2. « Ad ann. 1290. Dissidio exorto inter Robertum Burgundiæ Ducem et Othelinum Burgundiæ comitem ex eo quod Comes Ducis se esse beneficiarium penitus negaret. Ideo comes ut adversus Ducis vim se muniret Joannam filiam suam Philippo Longo, Philippi Pulchri regis secundo filio desponsavit et nuptiarum nomine comitatum suum omnesque adjacentes ditiones tum Regi patri tum filio resignavit. Ex Tabulis veteribus. » *Burgundionum chronichon,* auctore N. Viguierio. Bâle, 1575, p. 158. — Cf. Dunod, II, 219.

3. Dunod, II, 219.

aventures[1], par la riante perspective d'une position brillante à la cour de France. Il lui tint promesse avec cette fidélité qu'il témoignait à tous ceux qui se dévouaient à sa cause. Othon, « jadis cuens palatin de Bourgogne[2], » eut de l'argent, commanda les armées françaises[3] et présida le Parlement[4].

Le roi de France s'était empressé d'envoyer ses officiers administrer sa nouvelle conquête. Il établit des baillis et des gouverneurs de son choix, des trésoriers et des receveurs[5], nomma les gardiens du comté. Les revenus étaient perçus en son nom[6], le sceau royal employé dans tous les actes[7], les veuves et les orphelins placés en sa garde[8].

Philippe s'empara de tout ce que le comte palatin possédait en Franche-Comté, « de ses cottes d'or, de ses poissons, de ses arbalètes, de ses forêts, de son sel[9]. »

En rédigeant le contrat de mariage de Jeanne de Bourgogne, le roi avait eu soin de stipuler qu'il ne paierait au comte les sommes promises que le jour où il aurait eu « la sezine corporelle

1. Cf. Piépape, I, 38, et J.-M. Richard, *Mahaut, comtesse d'Artois et de Bourgogne*, p. 5.

2. C'est ainsi qu'il sera désormais désigné dans les actes.

3. « Ad ann. 1303. Franci Othone Burgundiæ et Attrebatum comite duce, adversus Flandros ad Ravemberg prospere pugnant. » *Chron. Burg.*, p. 159. — La même année, à la tête des troupes françaises, Othon remportait sur les Flamands la victoire de Cassel. Blessé dans le combat, il mourut peu après à Melun (26 mars 1303).

4. Dunod, II, 215 ; Clerc, I, 486.

5. « Philippus rex Francorum, *thesaurario nostro* comitatus Burgundie, salutem » (an. 1299). Trésor des chartes, J 254, n° 47. — « Albertino dicto Malemosche *receptori pro nobis* putei salinensis, salutem. Scire te volumus quod *receptori nostro* comitatus Burgundie per alias nostras litteras... » (An. 1300.) Trésor des chartes, J 254, n° 47.

6. Chevalier, I, 162.

7. Clerc, *Besançon en* 1306-1307, dans les *Mém. de l'Acad. de Besançon*, 1839, p. 70.

8. « Je vous prie tant que je puis, comme celle qui est fame le roy de France, et qui tient Saint-Agne dou Roy pour raison de la comté de Bourgogne, que vous me vouliez bailler un sergent ou deux pour garder Saint-Agne... Les voves fames sont en la bone garde monseigneur le Roy nostre sire » (Lettres de la dame de Voignorry à N. de Vuillepale, gardien du comté de Bourgogne, 1301, 20 septembre). — Cop. B. N., fonds Moreau, 888, fol. 333.

9. Voy. un compte de 1296, 16 décembre, Or., Trésor des chartes, J 255, n° 129, Pièces justif., n° 4.

et les homages des barons et des homes de la terre de Bourgogne[1]. »
Il avait plusieurs bonnes raisons pour agir de la sorte. Philippe
était trop bien informé par ses nombreux agents pour ne pas
connaître de la manière la plus exacte les obstacles qu'il aurait
à surmonter avant d'entrer en possession de la province ; il savait
quelle opposition il rencontrerait dans l'aristocratie soutenue par
le souverain de l'empire. De plus, en n'ouvrant sa bourse qu'après
être entré en possession de ses nouveaux domaines, Philippe se
trouvait assuré du concours d'Othon dans l'œuvre d'occupation.
Le comte aurait pu, l'argent touché, regretter sa couronne et tra-
vailler contre le roi. Othon s'était attaché en Franche-Comté,
comme tout souverain dans son pays, une partie importante de
la population : il était utile au roi de France qu'elle l'accueillît
favorablement.

Ce parti fut en effet le plus ferme appui de Philippe le Bel en
haute Bourgogne ; et Othon retourna dans sa patrie pour diriger
du fond de son château de Brâcon la livraison des principales
places du pays[2].

III. *Soulèvement de la noblesse. Action du roi de France.*

Sans aller jusqu'à dire que « la nouvelle du traité de Vincennes
« retentit comme un glas funèbre au milieu des montagnes du
« Jura[3], » nous devons reconnaître qu'un mouvement considérable souleva la noblesse franc-comtoise contre le roi de France.

Il est notable que la bourgeoisie accueillit favorablement son
nouveau souverain.

Les propres frères d'Othon, Jean de Bourgogne, sire de Mon-
taigu, et Renaud de Bourgogne, sire de Montbéliard, ses deux
oncles, Châlon-Auxerre et Châlon-Arlay, dirigeaient l'opposition,
entraînant à leur suite les hobereaux du pays. Un nouvel acte de
confédération fut scellé à Besançon le 29 mars 1295. Nous y
lisons les noms de Jean et Renaut de Bourgogne, de Jean (sire
de Rans)[4], connétable de Bourgogne, de Jean de Châlon-Auxerre,

---

1. Voy. un compte de l'année 1300 au Trésor des chartes, J 255, n° 143. —
Voy. aussi le traité de Vincennes.
2. Piépape, I, 46.
3. Piépape, I, 46.
4. « Jean, sire de Rans, ayant vendu, en 1282, la sénéchaussée du comté de
Bourgogne à Foulques de Rigney, fut à la suite connétable. » Chevalier, I, 156.

de Gautier de Montfaucon, de Jean de Montbéliard, de Gérard et Guillaume d'Arguel, de Jean et Étienne d'Oiseler, des sires de Montrond, de Joux, de Neuchâtel, de Mornay, de Corcondray, de Maugerex, de la Chessaigne et de Vaytes. Le baron d'Arlay, alors en Italie, s'était fait représenter.

L'acte d'alliance a quelques rapports avec celui que nous avons analysé plus haut. Un conseil composé du comte d'Auxerre, de Renaud de Bourgogne, des sires de Montfaucon et de Montrond, dirige les mouvements de la confédération. Tous les alliés promettent d'exécuter ses ordres et de s'entr'aider à leur pouvoir. Puis ils s'engagent par serments solennels à ne jamais entrer en l'hommage du roi de France et à ne jamais prendre deniers de lui ni d'aucun de ses enfants[1]. Nous verrons de quelle manière ils restèrent fidèles à leurs résolutions.

Mais la noblesse franc-comtoise aurait été folle de se lever en armes contre le puissant roi de France, si elle n'avait eu l'assurance de trouver des alliés.

Lorsque le roi des Romains apprit la cession de la haute Bourgogne à Philippe le Bel sans l'aveu du pouvoir suzerain, il assembla sa curie et fit jeter la commise sur le comté, qu'il déclara réuni au domaine impérial par des lettres du 28 février 1296[2].

Les *Annales de Colmar* rapportent que l'an d'après, au mois de février 1297, une ambassade de seigneurs francs-comtois rejoignit Adolphe de Nassau[3], qui se trouvait alors à Coblentz : ils venaient le supplier de les défendre contre les entreprises du roi de France, s'engageant à lui ouvrir leurs châteaux et à le servir comme s'ils étaient ses vassaux immédiats. Le roi des Romains leur fit naturellement le meilleur accueil. A en croire les *Annales*, il leur promit même de se trouver, avec ses troupes, en Franche-Comté avant le 22 juillet. Et, en attendant, il leur accorda des subsides qu'il s'obligeait à leur payer d'avance[4]. Puis

---

1. Or., Arch. du Doubs; publié, *Musée des arch. départementales*, p. 216-218; analysé, Chevalier, I, 384.

2. Publ. par Duvernoy, *Mouvance du comté de Bourgogne envers l'empire germanique*, p. 105; cette citation d'après Piépape, I, 48.

3. Pertz, *Scriptores*, XVII, 222.

4. Lettres données à Coblentz, le 8 février 1297, publiées dans les *Sitzber. der Kais. Akad.*, *Wien*, XIV, 184; cette citation d'après Leroux, *Recherches critiques...*, p. 85.

il les autorisa à servir le roi d'Angleterre contre la France « de la même manière qu'ils étaient tenus de le servir lui-même[1]. »

La ligue franc-comtoise était en effet entrée dans le vaste système d'alliances que le roi d'Angleterre et le roi des Romains formèrent en 1297 pour arrêter le trop rapide développement de la puissance française. Le soulèvement de la noblesse de haute Bourgogne n'est plus une simple révolte locale, mais l'une des sections du redoutable cercle d'ennemis dont l'or anglais et l'autorité impériale venaient d'entourer la France. Déjà les confédérés de Bourgogne donnent la main au roi d'Angleterre, au roi des Romains, aux communes et au comte de Flandre, au duc de Brabant, aux comtes de Juliers, de Bar, de Savoie, de Ferrette[2]. Édouard Ier s'engageait à ne pas faire la paix avec Philippe le Bel sans les comprendre dans le traité[3]. Il les priait de venir le rejoindre en Flandre où les alliés se proposaient de porter à la puissance du roi de France un coup décisif[4]. Il les soutenait par un subside annuel de 30,000 livres tournois[5].

Si nous comparons ces derniers actes à l'acte d'alliance du 29 mars 1295, nous voyons que la ligue franc-comtoise s'est accrue depuis lors : nous y lisons quelques noms nouveaux : Humbert de Clervaux, Gautier de Châteauvilain, Eudes de Montferrand.

Mais il était difficile de surprendre Philippe le Bel.

Au faisceau d'alliances noué par Adolphe de Nassau et Édouard d'Angleterre il en opposa un autre également puissant[6], et il combattit la ligue de seigneurs francs-comtois hostiles à sa domi-

---

1. Or. aux Arch. du Doubs, d'après Piépape, I, 48.

2. Voy. *Mémoire anonyme sur la guerre contre l'Angleterre*, publ. par Boutaric, *Notices et extraits des mss.*, XX, 123.

3. Lettres du 2 août 1297, Rymer, I³, 184, col. 1.

4. Lettres du 2 août 1297, Rymer, I³, 184, col. 2.

5. Rymer, I³, 184, col. 1. — Les lettres d'Édouard qui accréditent ses ambassadeurs auprès des confédérés de Bourgogne sont datées du 21 novembre 1296, ap. Rymer, I³, 166. — Ce traité fut renouvelé à Erdenbourg (Flandres), le 7 mars 1298, ap. Rymer, I³, 196. — La ligue avait touché les subsides du roi d'Angleterre à partir du 1er juin 1296 : « Outre la somme de seissante mil livres « de tornoys petits lesques ils ont ia eu... pur cest an qui finera le premer « jour du mois de juyn. » Traité du 7 mars 1298.

6. Voy. *Mémoire sur la guerre contre l'Angleterre, loc. cit.*

nation par une autre ligue de seigneurs francs-comtois soumis à son influence.

En 1297, le roi de France fut obligé de porter ses efforts sur trois points à la fois : sur la Flandre, la Guyenne et la haute Bourgogne. Il ne put donc pas veiller à sa nouvelle conquête comme il l'eût sans doute désiré. Il mit d'autant plus de soin à l'entourer de puissances amies qui l'aidassent à y maintenir l'ordre et à la protéger contre ses ennemis. Il touchait lui-même au comté de Bourgogne par la Champagne ; le duc de Bourgogne et le dauphin du Viennois lui étaient tout dévoués. L'alliance du duc de Bourgogne lui était particulièrement précieuse. Le puissant seigneur prétendait à la suzeraineté d'une partie considérable de la Franche-Comté, avec raison, car plus d'un baron y tenait ses terres de lui[1]. Il trouvait là une raison pour voir de mauvais œil l'entrée du roi de France dans le pays, comme le prouve un acte de Philippe le Bel, qui dut promettre à Othon IV, lors des fiançailles de leurs enfants, de le délivrer des poursuites que le duc Robert ne manquerait pas de diriger contre lui[2].

Depuis lors, Philippe fit tous ses efforts pour se concilier les bonnes grâces de Robert II. Il manda à ses baillis de Sens et de Mâcon de défendre aux sergents royaux d'exercer leur office sur ses terres[3]. Il lui garantit par lettres expresses la conservation de tous ses droits et prérogatives[4] ; déclara que le mariage d'un fils de France avec Jeanne, fille d'Othon, n'enlèverait rien aux droits que le duc de Bourgogne possédait sur certains châteaux de Franche-Comté[5], et promit que son fils lui ferait hommage pour ces fiefs[6]. Bien plus, il l'enrichit d'une rente de 1,000 livres tournois à prendre annuellement au Louvre[7], et choisit pour fiancée à son fils aîné Louis, roi de Navarre, comte de Champagne et de Brie, Marguerite de Bourgogne[8].

1. D. Plancher, II, 106.
2. 1294. Or., Trésor des chartes, J 254, n° 26.
3. 1295. Or., Arch. de la Côte-d'Or, B 345.
4. 1295, septembre. D. Plancher, II, *Preuves*, CXI.
5. 1297, janvier. Or., Arch. du Doubs, B 44 *bis*, n° 20.
6. 1297, janvier. Or., Trésor des chartes, J 254, n° 34.
7. 1297, octobre. D. Plancher, II, *Preuves*, XCVI.
8. Fille de Robert II. Traité du mois de janvier 1297, Pérard, *Recueil*, p. 581. Voy. le contrat de mariage du 26 septembre 1300, D. Plancher, t. II, *Preuves*, XCVI-XCVII. Or. au Trésor des chartes, J 250, n° 6.

Ainsi Philippe IV amena l'accord entre le duc de Bourgogne et la cour de France à un degré d'harmonie tel qu'en janvier 1297 il pouvait nommer le duc Robert gardien du comté de Bourgogne et de la baronnie de Salins. Le duc lui-même promettait de « garder, ordonner et deffendre à son pouvoir » les nouvelles possessions du roi de France « au nom du roi et à ses dépens quand les issues de ladite terre n'y porroient suffire. » Philippe laissait à son lieutenant la plus grande liberté d'action, ce qui était contraire à ses habitudes. Il lui reconnaissait entre autres le droit de « mettre gouverneurs et gardiens des chasteaux et des autres choses toutes à sa volonté[1]. » Puis il manda à tous ses féaux du comté de Bourgogne et de la baronnie de Salins d'obéir au duc de Bourgogne comme à lui-même[2].

On reconnaîtra, sans que nous insistions, combien Philippe IV apportait de fine intelligence dans sa manière d'agir. Le duc de Bourgogne, dont l'opposition en Franche-Comté aurait été redoutable, et qui, au premier moment, avait craint que la récente conquête du roi de France ne portât atteinte à ses droits[3], se voyait aujourd'hui avant tout autre intéressé à la prompte pacification et bonne organisation de la Franche-Comté : avant tout autre, il y devait trouver profit et honneur.

D'ailleurs, de nombreux actes qui nous sont conservés témoigneront du zèle dont Robert de Bourgogne fit preuve dans le poste de confiance où le roi l'avait placé.

L'opposition entre les provinces était encore très forte à la fin du xiiie siècle. Elles résistaient, surtout par leur aristocratie, à l'influence de l'Ile-de-France et à l'autorité royale, qui, peu à peu, pénétraient partout, centralisatrices.

Philippe le Bel savait combien il était important de ne pas apparaître aux Francs-Comtois en roi conquérant qui allait faire de la province un des fleurons de sa couronne. Il étonne par le soin qu'il met à dissimuler sa personne royale : l'administration du comté est en grande partie confiée à des Francs-Comtois, les armées françaises elles-mêmes sont commandées par des seigneurs du pays. Il sait si bien s'effacer dans la guerre ouverte entre lui

---

1. Voy. le traité dans Pérard, *Recueil*, p. 581.
2. 1298, 12 février. Or., Arch. du Doubs, B 44 *bis*, n° 21.
3. Cf. D. Plancher, II, 106-107.

et les barons de haute Bourgogne que l'histoire a été longtemps
sans l'apercevoir : les anciens auteurs[1] ont vu dans cette lutte
une guerre civile qui divisa en deux factions la noblesse du pays,
le roi de France intervenant au dernier moment, *deus ex machina*,
pour réconcilier les factions contraires.

L'existence d'un parti français au sein de l'aristocratie franc-
comtoise est affirmée par un « mémoire anonyme sur la guerre
contre l'Angleterre, » rédigé en 1297, document d'une grande
valeur que Boutaric a publié[2]. Ce parti se composait de trois éléments.

Nous savons que Philippe le Bel poussait les barons d'empire,
voisins de la France, à lui prêter foi et hommage, soit pour quelque
rente en argent qu'il leur faisait, soit pour quelque terre que sou-
vent il leur donnait[3]. Philippe, qui prépara de longue main ses
projets sur la Franche-Comté, ne négligea pas d'y agir de même[4] :
de manière qu'il y trouva au moment de la conquête un groupe
d'auxiliaires dévoués. Puis il est vraisemblable, comme nous
l'avons fait observer, qu'Othon, en abandonnant son comté, y
avait laissé des vassaux dont la fidélité lui était acquise et qu'il
engagea[5] à servir le roi de France. Enfin, quelque temps avant
de commencer la guerre, Philippe le Bel avait déterminé, deniers
aidant, des seigneurs du pays à venir se ranger sous sa bannière[6].

Nous pouvons donner assez exactement les noms des principaux seigneurs de Franche-Comté qui prirent les armes pour
défendre les prétentions du roi de France.

Nous avons vu que Philippe le Bel avait mis comme condition

---

1. Voy. Dunod, II, 220 ; Chevalier, I, 161.

2. *Notices et extraits des mss.*, XX, p. 123 sq. « Nostre seigneur le roy et son
conseil... s'allia à... li conte Othe de Bourgongne et monseigneur Hugue son
frère, monseigneur Philippe de Vienne et autres Bourguignons. »

3. Cf. Boutaric, *la France sous Philippe le Bel*, p. 413.

4. Cf. *Arch. du Doubs*, B 485, n° 10. « Philippe IV mande à Jean Duc et à
Guillaume d'Heilley d'informer sur la mouvance précise de Rigny que reven-
diquait le comte de Bourgogne, et que cependant Foulques de Rigny avoit
repris directement de lui. » (Lettres du 26 avril 1292.)

5. Ses avis ne furent pas toujours écoutés (voy. Arch. du Doubs, B 48, n° 8) :
Othon IV mande à Thiébaud, comte de Ferrette, d'entrer en l'hommage de
Philippe IV, roi de France, devenu, par les fiançailles de Jeanne de Bourgogne
et de l'héritier présomptif de la couronne, suzerain du comté de Bourgogne
(1296, 4 juin). En 1297, le comte de Ferrette entra dans l'alliance du roi d'Angleterre (cf. *Mém. an., loc. cit.*, p. 125).

6. *Vid. infrà.*

au paiement des sommes promises à Othon la prestation entre ses mains du serment de fidélité par la noblesse de haute Bourgogne. Othon s'empressa de remettre au roi une liste des nobles qui tenaient fief du comte de Bourgogne[1] et devaient renouveler la cérémonie de l'hommage à leur nouveau suzerain. Mais on aurait eu beau les convoquer « à cinq semaines devers Pâques » comme le conseillait le comte palatin, Philippe le Bel savait que la plupart ne viendraient pas.

Alors Othon rédigea une seconde liste moins étendue :

« Item viant monstrer li diz cuens à nostre seigneur le Roy ceus qu'il seroit bon qu'il mandast de Bourgogne à ces cinc semaines de Pasques là où il seroit :

« Premièrement, monseigneur Hugon de Bourgogne, le seigneur de Waignorri, monseigneur Philippe de Vienne, monseigneur Hugon de Vienne, les anfanz monseigneur Henri de Vienne, le seigneur de Vergi, le seigneur de Trichastel, le seigneur de Joinville[2], le seigneur de Chauveri, le seigneur de Dampierre, le seigneur de Sauz, le seigneur de Granci, le seigneur de Choisel, le seigneur de Raon, le seigneur de Baufremont, Jehan de Commarsi, le seigneur de Rayz, monseigneur Robert de Choisel, monseigneur Gieffroi de Faucongnie, le seigneur de Pesmes et le seigneur de Dulli.

« De ces cuide estre li diz cuens touz certains qu'il n'an i a nul que s'il viennent qui voulenters ne entre en l'ommage nostre seigneur le Roi[3]. »

On remarquera que pas un des barons nommés par le comte palatin n'est entré dans la confédération de 1295[4].

Hugues de Bourgogne, frère d'Othon IV, commanda les troupes françaises en Franche-Comté[5]. Hugues de Vienne et son frère

---

1. Publ. par Chevalier, I, 385.

2. Ce seigneur de Joinville peut être le sénéchal de Champagne qui possédait un fief relevant du comte de Bourgogne (v. Chevalier, I, 389); mais il nous semble plus probable que ce soit Pierre de Mornay, sire de Joinville, suzerain de plusieurs fiefs en haute Bourgogne (Chevalier, I, 385) que Dunod dit avoir été du parti français (II, 220).

3. Or., Trésor des chartes, J 255, n° 27.

4. A cette liste en est appendue une autre qui la complète, rédigée par les soins du roi de France : « Item à cele mesme journée mandoit nostre seigneur le Roi querre... » On y retrouve les noms des confédérés de Bourgogne. Philippe invita les uns et les autres à venir lui prêter hommage.

5. *Vid. infrà.*

Étienne avaient conclu, le 23 août 1294, avec le roi de France,
un traité par lequel ils s'engageaient à lui ouvrir leurs châteaux
et à guerroyer pour son compte contre le roi d'Angleterre et tous
autres, « leurs parents exceptés, » le premier avec trente hommes
d'armes, le second avec dix[1]. Hugues de Vienne avait suivi Robert
d'Artois en Sicile, ainsi que le sire de Vergy et Guillaume de
Saux[2]. Un traité du mois de février 1300, passé à Paris entre le
roi de France et Philippe de Chauvirey, témoigne de leurs bons
rapports alors que la guerre durait encore[3]. Liébaut de Beaufremont fut lieutenant de Philippe IV en Franche-Comté pendant
les années 1297 et 1298[4]. Enfin nous savons, par un compte du
16 décembre 1296, que le sire de Rayl reçut en cette année
1,500 livres tournois du roi de France pour « l'aidier de ceste
guerre et receter en son chastel[5]. »

Ces détails nous permettent d'accepter la liste donnée par
Othon des seigneurs francs-comtois tout disposés à s'avouer
hommes liges du roi de France, comme représentant assez exactement les principaux éléments du parti français dans la lutte qui
s'ouvrit en 1297.

Philippe le Bel parvint à se créer des partisans au sein même
des familles qui lui étaient hostiles. En 1297, le fils de l'un des
chefs de la ligue, Guillaume de Châlon-Auxerre, venait se ranger sous la bannière royale dans l'armée de Flandre, tandis que
son père guerroyait contre le roi de France[6]. Clerc a fait remarquer que, « dans la famille des comtes de Bourgogne, sur cinq frères,
Othon et Hugues suivaient la bannière du roi, Renaud et Jean
celle de la confédération, le chanoine Étienne, doyen de Besançon, demeurait neutre comme son archevêque[7]. » Renaud et Jean

1. Or., Trésor des chartes, J 254 A, n° 27; Pièces justif., n° 2.
2. Gollut, p. 433.
3. « Philippe de Chauvirey échangeait au roi de France ses terres de Franche-
Comté contre un domaine situé en France. » (Or., Trésor des chartes, J 254,
n° 38, publ. par Pérard, *Recueil*, p. 455-6.)
4. Chevalier, I, 104, et Dunod, II, 213.
5. Or., Trésor des chartes, J 255, n° 129; Pièces justif., n° 4.
6. Voy. lettres de Guillaume de Châlon-Auxerre, damoisel, par lesquelles il
reconnaît avoir reçu du chapitre d'Auxerre des vases précieux jusqu'à la valeur
de 200 livres tournois, qui aidèrent au défrai de la campagne qu'il fit avec
l'armée française contre les Flamands (1297, 23 mai), publ. par Lebeuf (*Histoire d'Auxerre*, t. II, *pr.*, p. 85).
7. *Op. cit.*, I, 481.

de Bourgogne avaient pris la direction des troupes en campagne contre le roi de France : Philippe le Bel fit preuve de tact en plaçant leur frère Hugues de Bourgogne à la tête des troupes qui combattaient pour lui.

Hugues de Bourgogne avait témoigné de son dévouement à la France depuis longtemps. Il avait suivi Philippe III en Aragon[1]. Philippe IV l'avait soutenu lors de sa lutte contre Jean de Châlon-Arlay au sujet de la mairie de Besançon[2] ; et l'un des premiers actes du roi, lorsqu'il s'empara de la ville[3], fut de le mettre en possession de cette mairie[4]. Dès juillet 1294, Philippe le Bel avait passé avec Hugues de Bourgogne un traité qui assurait à celui-ci une rente sur le Temple de 300 livres tournois, transmissible à ses hoirs, l'obligeant en retour à se reconnaître vassal du roi de France, à mettre ses châteaux et forteresses à sa disposition lorsqu'il en serait prié et à le servir avec soixante chevaliers armés de fer contre tous, le roi d'Angleterre en particulier[5].

Mais Philippe le Bel avait laissé à Robert de Bourgogne la direction générale de la guerre. Le bailli de Mâcon, qui aurait dû, semble-t-il, commander les armées françaises, restait au second plan. Les troupes royales garnirent les châteaux du comte palatin et des seigneurs favorables à la France[6]. Elles s'emparèrent même de quelques forteresses impériales, entre autres de Vesoul[7]. Le parti français fit ouvrir les portes de Besançon[8].

Le pays fut mis à feu et à sang[9].

Les Français occupaient une à une les villes du pays[10], lorsque, le 9 octobre 1297, furent arrêtées à Vyve-Saint-Bavon, entre la

1. Castan., *Siège...*, p. 341.
2. Année 1293 (cf. Dunod, II, 307-308).
3. 1297, 28 février.
4. Piépape, I, 49.
5. Or., Trésor des chartes, J 622, n° 33 ; Pièces justif., n° 3. — En juin 1295, Hugues de Bourgogne vendit à Philippe le Bel, au prix de 1,500 livres tournois, le droit qu'il avait de transmettre cette rente à ses enfants (Or., Trésor des chartes, J 254ᴀ, n° 30).
6. Voy. pour les sommes payées aux garnisons de ces châteaux un compte du 16 décembre 1296 (Or., Trésor des chartes, J 255, n° 129 ; Pièces justif., n° 4), et un autre compte sans date au Trésor des chartes, J 255, n° 126.
7. Clerc, I, 48 ; Tuefferd, *Hist. gén. des sires de Montbéliard*, p. 92.
8. 1297, 28 février.
9. Clerc, t. I.
10. Piépape, I, 49.

France et l'Angleterre, des trêves, préliminaires d'une paix définitive[1]. On a cru[2] que ce traité avait enlevé à la confédération franc-comtoise son principal appui et le meilleur de ses ressources : l'alliance du roi d'Angleterre et l'argent qu'elle en tirait. Car le roi des Romains écrivait des lettres magnifiques, mais n'agissait pas[3]. Fidèle à ses engagements, Édouard avait, en effet, obtenu que la confédération de Bourgogne fût comprise dans l'armistice. Le traité de Vyve fut renouvelé et confirmé à Groningue le 29 janvier 1298[4], la durée des trêves étendue jusqu'au mois de janvier 1299. Il fut convenu, entre autres, que « li Roys d'Angle-« terre, si aydanz, hommes, alliez, ne pourront donner ayde ni « confort contre le Roy de France ses hommes, ou aydans, ou « alliez, comment que ce soit[5]. »

Mais Édouard Ier, qui ne cessait d'accuser Philippe le Bel de mauvaise foi, apportait dans les négociations une malhonnêteté égale à celle de son voisin.

Quelques mois après la conclusion du traité de Groningue, le 7 mars 1298[6], Édouard renouvelait ses conventions avec les confédérés de Bourgogne, et promettait de leur continuer le subside de 30,000 livres à condition que « les ditz nobles contre le « mesme Roy de France et contre ses aidantz et fautours conti-« nuassent guerre vive et aperte en conté de Bourgoigne et ès « lieux veisins. »

Ce qu'ils ne manquèrent pas de faire. Quelques chevaliers français, entre autres le bailli de Mâcon, prisonniers de guerre, étaient enfermés dans le château de Roulans[7].

Alors Philippe IV, qui avait à cœur de ménager ses nouveaux sujets et redoutait de pousser à bout la noblesse franc-comtoise, s'efforça d'affaiblir la ligue en y semant la division par ses moyens accoutumés. Un contrat passé avec un chevalier bourguignon[8], Geoffroi d'Aucelles, montre la ligne de conduite suivie par le roi.

---

1. Or., Trésor des chartes, J 632, n° 24, publ. par Rymer, I[3], 190.
2. Piépape, I, 50.
3. Voy. lettres du mois d'avril 1297 aux bourgeois de Besançon, citées par Piépape, p. 49.
4. Doc. publ. par Dumont, *Corps diplomatique*, I, 302 sq.
5. Dumont, I, 303, col. 1.
6. A Erdenbourg en Flandres. Rymer, I[3], 196.
7. Clerc, I, 482.
8. Le 1er octobre 1299.

Le chevalier s'engage envers Robert de Bourgogne, agissant au nom de Philippe le Bel : 1° à défendre la ville de Gray ; 2° à s'efforcer de capturer les ligueurs Jean d'Arlay, Renaud de Montbéliard et Jean, sire de Joux, qu'il livrera au roi de France « sauf son droit sur les chevaux et les harnais[1]. » Le dessein de Philippe le Bel était de s'emparer des barons révoltés, sachant qu'une fois en sa présence il lui serait facile de leur montrer combien il était de leur intérêt de reconnaître pour suzerain le roi de France et de mettre fin à une lutte dont ils ne pouvaient espérer sortir victorieux.

Le premier qui se laissa gagner fut l'un des chefs de la ligue, Jean de Châlon-Auxerre. Demi-français par son comté d'Auxerre[2], il avait déjà eu recours à l'intervention de Philippe le Bel. Nous trouvons une charte du 6 octobre 1290, par laquelle le roi envoyait un sergent enjoindre au sire de Beaujeu, beau-père du comte d'Auxerre, de payer à son gendre la dot de sa fille[3]. Le différend entre Guichard de Beaujeu et Jean d'Auxerre n'était pas tranché en 1298. Celui-ci l'avait porté devant le parlement de Paris, et ce fut peut-être pour s'assurer gain de cause qu'il entra en négociations avec le roi de France[4]. Il lui promit l'hommage pour les fiefs qu'il tenait du comte de Bourgogne[5]. Le roi de son côté prit l'engagement de le défendre contre le ressentiment des barons alliés. Peu après, l'intervention d'Othon enleva à l'alliance anglaise et à la confédération franc-comtoise l'ancien allié du comte palatin contre l'évêque de Bâle, Thiébaut, comte de Ferrette[6]. C'était pour la ligue une perte considérable : Thiébaut de Ferrette était un puissant seigneur et ses terres avoisinaient la Franche-Comté.

Ce fut alors que les confédérés, ne voyant aucun secours venir d'Allemagne, comprenant que les subsides d'Édouard leur feraient bientôt défaut, sentant leurs propres forces se diviser, et redou-

---

1. Or., Arch. de la Côte-d'Or, II, C 229, cité par d'Estavayer, *loc. cit.*, p. 165.

2. Clerc, I, 482.

3. Or., Arch. du Doubs, B 22, n° 1.

4. Un sergent à cheval de la prévôté de Paris, ayant été envoyé par ordre du Parlement pour saisir le château de Montmélas au profit du comte d'Auxerre, rapporte qu'il a été battu par les gens de Guichard de Beaujeu qui criaient : « Est-tu Gautier, le sergent lou Roi ? Nous avons commandement de lour prendre et bien batre et emprisonner vilainement. » Année 1298. — Or., Arch. du Doubs, B 536, n° 4.

5. 1298, mars. — Or., Trésor des chartes, J 253, n° 3 ; Pièces justif., n° 5.

6. Piépape, I, 50.

tant un plus grand effort de la part du roi de France en paix avec l'Angleterre, songèrent à déposer les armes.

Philippe IV et Édouard Ier avaient compromis de leurs différends entre les mains de Boniface VIII, et les adversaires engagés dans la lutte, les rois de France et d'Angleterre, les comtes de Flandre et de Bar, avaient envoyé messagers à Rome pour y défendre leurs intérêts. Le 20 avril 1298, les barons de Franche-Comté, ligués contre le roi de France, se réunirent à Morre, dans une gorge qui domine le Doubs, non loin de Besançon[1], et nommèrent l'un des leurs, Gautier de Montfaucon, député auprès du Saint-Siège, avec mission d'y faire valoir leurs droits : eux aussi se soumettaient à la décision pontificale[2].

Les négociations se poursuivirent à Rome, longues et laborieuses; elles nous sont connues par quelques lettres des fils de Gui de Dampierre à leur père[3].

La sentence arbitrale fut rendue le 30 juin 1298[4]. Les confédérés francs-comtois n'y étaient même pas mentionnés.

M. Leroux[5] croit à tort que le pape rendit à leur sujet une sentence spéciale qui ne nous serait point parvenue. Philippe IV, pour lequel les Flamands et les « alliés » de haute Bourgogne n'étaient que des rebelles à l'autorité royale, repoussa toujours l'idée de passer un compromis avec eux ; il avait fait de leur exclusion une condition *sine quâ non* de son adhésion à l'arbitrage pontifical.

La guerre continua donc.

Le 23 juin 1298, Albert d'Autriche avait été proclamé roi des Romains : il fut couronné le 24 août suivant.

La confédération espéra sans doute trouver en lui un allié plus actif que son prédécesseur. M. Leroux nous parle, d'après Kopp[6], d'un seigneur bourguignon qui s'en vint rendre hommage au roi des Romains peu après son élection[7]. Cet exemple n'est certainement pas isolé.

---

1. Piépape, I, 50.

2. Rymer, I³, 197-198.

3. Publ. par Kervyn de Lettenhove, *Études sur l'hist. du XIIIe s.* (1853).

4. Or., Trésor des chartes, J 632, n°s 30, 30 *bis*, 30 *ter*, publ. par Dumont, *Corps diplom.*, I, 310.

5. *Recherches critiques*, p. 95.

6. *Gesch. der eidgen. Bünde*, III, 43-44.

7. *Recherches critiques*, p. 101.

Mais leur espoir devait être déçu une seconde fois. Albert
d'Autriche était aussi bien disposé en faveur de Philippe le Bel
qu'Adolphe de Nassau lui avait été hostile. Le roi de France
l'avait soutenu autrefois lorsque, candidat à la couronne impériale, il faisait de l'opposition au roi des Romains. Aux confé-
rences de Neuchâteau[1], les ambassadeurs des deux princes arrêtèrent le mariage de Blanche, sœur de Philippe IV, avec Rodolphe,
fils d'Albert d'Autriche. Un traité d'alliance suivit, puis l'entre-
vue des souverains à Quatrevaux[2].

Philippe le Bel promit que son fils Philippe de Poitiers ferait
hommage au roi des Romains pour le comté de Bourgogne[3], et
Albert d'Autriche se déclara satisfait.

Tout ce que les confédérés purent obtenir de l'intervention
impériale fut un armistice qu'Albert prolongea par des lettres
données à Strasbourg le 5 septembre 1299[4]. Ces lettres furent
confirmées le 8 décembre à Quatrevaux, mais, sur la demande
de Philippe, Albert d'Autriche déclara que les trêves seraient
levées dans le cas où l'un des confédérés viendrait à causer
quelque dommage au roi. Philippe IV avait d'ailleurs autorisé la
prolongation de l'armistice jusqu'à trois ans[5].

IV. *La noblesse se soumet.*

Le traité que nous avons mentionné entre Robert II et Geoffroi
d'Aucelles[6] prouve que la lutte se poursuivait en haute Bourgogne vers la fin de l'année 1299. Mais les forces de la confédération déjà réduite à ses propres ressources allaient s'affaiblis-
sant. Les défections des comtes de Châlon-Auxerre et de Ferrette
furent suivies de la défection de Jean de Bourgogne, frère
d'Othon IV. Il était l'un des plus puissants et des plus actifs
parmi les alliés.

Nous avons vu que Jean de Bourgogne réclamait un nouveau
partage de l'héritage paternel dont Othon IV ne voulait pas

---

1. 1299, 23 juin.
2. 1299, 8 déc. — Ces faits d'après Leroux, *Recherches critiques*, p. 99-100.
3. Clerc, II, 483; Piépape, I, 51.
4. Leroux, *Recherches critiques*, p. 101, d'après Waitz.
5. Or., Trésor des chartes, J 254, n° 40, et J 610, n°ˢ 21 et 21 *bis*. Copie;
Bibl. nat., collection de Brienne, 97, fol. 121. — Voy. Pièces justif., n° 6.
6. 1299, 10 octobre. *Vid. suprà.*

entendre parler. Par opposition à son frère, Jean adhéra à la confédération. Or, Philippe le Bel rendit en 1300[1], au sujet de cet héritage, une sentence arbitrale[2]. La part de Jean de Bourgogne fut augmentée de quelques fiefs. Il n'est pas téméraire de déduire de ce fait que celui-ci avait déposé les armes[3].

La lutte ne pouvait plus être de longue durée ; elle prit fin par les traités d'avril et mai 1301.

Philippe le Bel exigea que les barons révoltés contre lui vinssent en France se rendre à merci[4].

A Paris, au mois d'avril, en leur nom et au nom de ceux de leurs alliés, qui « pour certaines causes n'estoient pas avec [eux] ès parties de France, » Jean d'Arlay, Jean et Renaud de Bourgogne, Jean et Gautier de Montfaucon, Jean de Faucogney, Thiébaut de Neuchâtel, Humbert de Clervaux, Gaucher de Châteauvilain, Eudes de Montferrant, Guillaume de Corcondray, Jean de Flagey et Jean de Joux « déclarèrent, octroièrent et promirent en bonne foi que leurs raisons ouïes, sans délai, ils feraient, tiendraient, garderaient et rempliraient tout ce que très excellent et puissant prince leur très cher sire Philippe, roi de France, regarderait et dirait par lui ou par sa court[5]. » Tous s'avouèrent pour quelqu'un de leurs fiefs vassaux immédiats du roi, s'engageant à l'aider et le défendre encontre tous[6]. Ils prêtèrent le serment de fidélité, et, le 1er mai, établirent des pleiges, barons possédant terres en France qui, sur leurs biens, répondaient d'eux au roi[7]. Enfin ils s'engagèrent à rendre tout ce qu'ils avaient « surpris sur le comté de Bourgogne, puis que le

1. Sans date précise.

2. Or., Arch. du Doubs, B 74.

3. Trois années plus tard, le roi de France faisait à Jean de Bourgogne une rente de 1,500 livres tournois. 1303, mars. Or., Trésor des chartes, J 254, n° 23.

4. « Nous qui touz jours dessierrons avoir et garder la grâce et la bone volointey de nostre devant dit seignour le Roy sumes à sa volomptay et à son acort la soe *merci*, et il nos ai recehuz. » Or., Trésor des chartes, J 254, n° 50.

5. Or., Trésor des chartes, J 253, n° 6 ; Pièces justif., n° 7.

6. 1301, avril. Or., Trésor des chartes, J 253, n°ˢ 4 et 5 ; J 622, n° 37. Copie : Bibl. nat., fonds Dupuy, 699, fol. 88-89. L'acte d'hommage de Renaud de Montbéliard a été publié par Tuetey, *Étude sur le droit municipal*, p. 250. — Voy. Pièces justif., n° 7. — Le lien de vassalité que les seigneurs de Franche-Comté établissaient ainsi entre eux et le roi de France était indépendant de l'hommage qu'ils devaient à Philippe de Poitiers, fils de Philippe le Bel, qui, par son mariage avec Jeanne, fille d'Othon, allait devenir comte de Bourgogne.

7. Or., Trésor des chartes, J 249, n° 18.

dit conté vint en la main » du roi de France, à rétablir les dommages qu'ils avaient causés, entre autres à rebâtir les châteaux d'Ornaus et de Clervaux et la salle de Pontarlier[1]. Philippe le Bel les laissait libres de pourvoir eux-mêmes aux moyens de satisfaire à ces engagements, se réservant d'envoyer plus tard des enquêteurs en pays de Bourgogne[2], lesquels constateraient si les choses avaient été remises en l'état où elles étaient avant la guerre.

Le lendemain du jour où la ligue eut fait entière soumission en scellant le dernier des actes que le vainqueur avait exigés d'elle, le 3 mai 1301, Philippe le Bel publia des lettres royales par lesquelles il fermait cette lutte de plusieurs années[3]. Elles sont remarquables par leur modération et la bienveillance qu'elles témoignent à des ennemis vaincus. Le rude souverain ne nous a pas habitués à ces manières d'agir. Après avoir réduit la ligue et fait tomber les barons rebelles au pied du trône royal, Philippe le Bel, qui n'avait jamais au cours de la guerre permis qu'on parlât de transaction, les traite avec égards, presque avec respect.

Il fait savoir que lui aussi ordonnera de restituer aux seigneurs confédérés ce qui a pu leur être enlevé durant la guerre et depuis qu'il administre le comté de Bourgogne ; si quelque dommage leur a été causé « en brisant les trèves, » la réparation sera immédiate. Bien plus, les barons du comté ne seront pas tenus de prêter au roi, comme il le désire, foi et hommage « pour les héritages et les fiefs qu'ils tiennent pour la raison de la dite comté de Bourgogne » avant qu'il leur soit démontré, « leurs paroles ouïes, » que la demande du roi est conforme à la justice et au droit. Enfin Philippe le Bel s'engage à leur « garder entièrement leurs bons us et bonnes coutumes, » et promet de « les garantir vers le comte de Bourgogne et ses hoirs de ce qu'ils ont meffait en ladite comté du temps qu'elle vint en sa main jusqu'au jour où ces lettres furent faites. »

Ceux des alliés qui n'avaient pu se rendre à Paris pour faire leur soumission au roi de France, Pierre de Mornay, Girard et

1. Traité du 2 mai 1301. Or., Bibl. nat., fonds Joursanvault 2259 (anc. num.) publ. par Guillaume, *Hist. gén. des sires de Salins, pr.,* p. 58; analysé par Piépape, I, 440.

2. Cf. traité du 2 mai, ap. Guillaume, *loc. cit.*

3. Publ. par d'Estavayer, *Hist. gén. des sires de Joux,* dans *Documents inédits pour servir à l'hist. de Franche-Comté,* III, 257.

Guillaume d'Arguel, Jean de Vienne, Simon de Montbéliard, Etienne de Villeneuve et Étienne d'Oiseler, confirmèrent les actes du mois d'avril 1301, du 1er et du 2 mai par des actes datés du 31 mai, du 7 et du 8 juin [1]. Ils acceptèrent les conditions que Philippe IV mettait à la paix, se déclarèrent hommes liges du roi et fournirent des pleiges ayant possessions en terre de France.

Il est à noter que la confédération de 1295, née pour les besoins de la lutte contre le roi, continua d'exister lorsque cette lutte eut pris fin. Elle employa même son activité à satisfaire de son mieux aux exigences du vainqueur, et deux des membres du conseil dont nous avons parlé plus haut, Gautier de Montfaucon et Simon de Montbéliard, durent veiller à ce que chacun des confédérés prît sa part des charges qui incombaient à tous. De même qu'autrefois les alliés avaient juré de fournir armes et subsides contre Philippe le Bel, et dans le cas où l'un d'eux viendrait à s'y refuser de l'y contraindre par la force; de même aujourd'hui tous faisaient le serment de poursuivre par la prise de ses biens le premier d'entre eux qui manquerait « à garder et accomplir parfaitement » ce qu'il avait promis au roi de France [2].

Nous avons montré avec quel soin Philippe le Bel ménagea la noblesse du comté de Bourgogne. Il savait que l'occupation du pays était la partie la plus aisée de son œuvre. Il avait l'ambition de faire de sa nouvelle conquête une province française, et le concours de l'aristocratie du pays lui était indispensable.

On ne s'étonnera pas qu'il se soit efforcé de gagner entre tous celui qui avait été son plus redoutable adversaire, Jean de Châlon-Arlay. Le fier baron s'était, comme ses alliés, soumis en avril 1201; il s'était reconnu vassal immédiat du roi de France pour sa maison de Lille-sur-Braine « avec toutes ses apartenances, » lesquelles il tenait en franc-alleu, et s'était engagé par serment, lui et ses hoirs, à servir le roi « bien et loialment encontre tous [3], » fors ceux dont il était déjà homme lige. Ce lien de vassalité fut

1. 31 mai. Or., Trésor des chartes, J 254, n° 48, et JJ 16, n° 16; Pièces justif., n° 9. — L'acte d'hommage du sire de Mornay est publ. ap. Le Mornay de la Villeterte, *Vies des anc. seign. de la maison de Mornay*, p. 44. 7 juin : Trésor des chartes, J 254, n° 48 et 51; 8 juin : J 254, n° 50. — Tous ces actes sont résumés dans une charte non datée conservée au Trésor des chartes, J 255, n° 123.
 2. Acte du 2 mai 1301, ap. Guillaume, I, *pr.*, p. 58.
 3. Or., Trésor des chartes, J 253, n° 4; Pièces justif., n° 8.

noué d'une manière plus étroite au mois d'août 1302. Avec la permission de son suzerain Othon de Bourgogne[1], le sire d'Arlay se reconnut homme lige du roi de France « contre touz et avant tout autre qui puent vivre et mourir, » pour une rente de 2,000 liv. tournois que Philippe lui octroyait à titre perpétuel[2], « en reconnaissance des services que le baron lui avait rendus. »

Les rapports qui s'étaient établis entre le roi et Jean d'Arlay devinrent meilleurs de jour en jour. En avril 1302, le sire d'Arlay s'unit au roi et à la noblesse de France contre Boniface VIII[3] ; le 29 mars 1303, Philippe lui restitua la vicomté de Besançon sous la condition d'une reprise de fief[4]. Au mois d'octobre, nous trouvons le sire d'Arlay à l'assemblée des seigneurs français que le roi avait convoqués à Château-Thierry pour aviser aux moyens de terminer la guerre de Flandre[5]. L'année suivante il accompagna Philippe IV au siège de Lille, fut même chargé de régler les conditions de la capitulation : ce qui fait ressouvenir qu'en 1289, Jean de Châlon-Arlay accompagnait au siège de Besançon Rodolphe de Habsbourg, qui lui laissait le soin de régler les conditions de la capitulation. Jean de Châlon reçut du roi 6,000 livres tournois en dédommagement des dépenses faites pendant cette campagne de Flandre[6]. Enfin, le 28 août 1306, Philippe le Bel témoignait d'une manière éclatante de la confiance que lui avait inspirée Jean d'Arlay en lui donnant « le comté de Bourgogne et tous les appendemenz d'icelui, à garder pour lui et en son nom, tenir et governer[7]. »

Ces rapports entre Philippe le Bel et Jean de Châlon-Arlay marquent le caractère des relations qui s'établirent entre le roi de France et la noblesse franc-comtoise après la paix de 1301. Celle-ci répondit désormais aux convocations que Philippe le Bel lui adressa pour l'arrière-ban[8] et les États[9] du royaume. Elle se

1. Or., *British Museum*, mss. add. 17305, fol. 152 v° ; Pièces justif., n° 11.

2. 1302, août. Or., *British Museum*, mss. add. 17305, fol. 115 v° ; Pièces justif., n° 10.

3. *Vid. infrà.*

4. Or., Arch. du Doubs, B 500, n° 1, publ. par Clerc, *Besançon en* 1306-1307, *loc. cit.*

5. Clerc, I, 489.

6. Or., Trésor des chartes, J 253, n° 7, publ. par Piépape, I, 442.

7. Or., Trésor des chartes, J 195, n° 91 ; Pièces justif., n° 12.

8. Voy. convocations et subsides pour l'ost de Flandre, ap. D. Bouquet, XXIII, 805.

9. Cf. Dunod, II, 222.

fit représenter au mariage de Jeanne de Bourgogne avec Philippe de Poitiers[1]. Elle accepta les charges que le roi lui donna à exercer en Franche-Comté.

Les principaux adversaires de Philippe le Bel en haute Bourgogne avaient été, après Jean de Châlon-Arlay, les deux frères d'Othon IV, Jean de Bourgogne et Renaud de Montbéliard. Nous voyons que le roi fit à Jean une rente annuelle de 1,500 livres tournois (mars 1303[2]) et le nomma gardien du comté en 1309[3]. Renaud de Montbéliard, Jean de Châlon-Auxerre, Jean de Châlon-Arlay et Jean de Châteauvillain signèrent[4] la protestation que la noblesse française adressa, en 1302, à Boniface VIII[5]. Guillaume de Châlon-Auxerre fut tué dans les rangs de l'armée française, à Mons-en-Puelle[6]; Liébaud de Beaufremont mourut en 1303, à Arras, des suites d'une blessure reçue dans un combat contre les Flamands[7]. Pierre de Beaufremont combattit avec d'autres seigneurs francs-comtois[8] sous la bannière royale à Courtray, et défendit Saint-Omer[9].

Néanmoins Philippe le Bel se trompait s'il croyait avoir définitivement rallié cette noblesse jalouse de son indépendance. Tout en acceptant du roi argent et honneur, elle attendait le jour où il lui serait possible de rejeter une autorité imposée par la force.

Un fils était né du mariage d'Othon de Bourgogne et de Mahaut d'Artois; il reçut le nom de Robert. La couronne des comtes de Bourgogne serait revenue à cet enfant si les traités de 1295 ne l'en avaient dépouillé; et, bien qu'il eût perdu ses droits à la succession paternelle, lé prudent roi de France prit encore le soin de l'y faire renoncer dès qu'il fut en âge[10].

---

1. Célébré à Corbeil en janvier 1307; cf. Clerc, II, 4.

2. Or., Trésor des chartes, J 254, n° 53.

3. Chevalier, I, 164.

4. 1302, 10 avril.

5. Doc., ap. Dupuy, *Preuves du différend*, p. 60.

6. Dunod, II, 304.

7. Dunod, II, 498.

8. Cf. *Chron. cont.*, G. de Frachet, ap. D. Bouquet, XXI, 20.

9. Dunod, II, 497.

10. Voy. au Trésor des chartes, J 250, n° 3, vidimus du traité entre Othon et Philippe le Bel (1295, février), et vidimus d'autres lettres de l'an 1314 (2 avril), par lesquelles « Robert d'Artois, fils d'Othon, comte de Bourgogne, seigneur de Salins, et de Mahaut, comtesse d'Artois et de Bourgogne, de présent majeur de quatorze ans, ratifie le contenu du traité ci-dessus pour la cession et transport

Mais il ne semble pas que l'aristocratie franc-comtoise eût abandonné l'espérance de le voir monter un jour sur le trône paternel. Jean de Châlon-Arlay lui-même, que le roi comblait de faveurs, acceptait, en 1306, d'Édouard Ier le soin de négocier le mariage d'Éléonore, fille d'Édouard, avec Robert, fils d'Othon[1]. Philippe déjoua ces plans en faisant conduire à Paris[2] et garder avec soin le jeune prince et ses deux sœurs, dont le traité de Vincennes lui avait confié l'éducation[3].

V. *Les soulèvements de* 1314.

L'administration ferme et habile de Philippe le Bel avait empêché les sentiments qui animaient l'aristocratie franc-comtoise de se produire au grand jour, lorsqu'en 1314, à la suite d'un nouvel impôt établi pour subvenir aux frais de la guerre de Flandre, les barons de haute Bourgogne se soulevèrent une seconde fois contre le roi, alliés aux nobles et aux communes d'une partie de la France.

La noblesse, le clergé et les communes des duché et comté de Bourgogne, de la Champagne, de l'Auxerrois, de l'Artois, du Ponthieu, du Beauvaisis et du Vermandois s'unirent pour résister à leur souverain qui, « par plusieurs tailles, subventions et exactions non dues, changements de monnaies et plusieurs autres choses, les avait moult grevés, appauvris et mis à grand meschief. »

Ces ligues nous sont connues par onze traités du mois de novembre 1316[4]. Boulainvilliers[5], Duchesne[6] et Boutaric[7] en ont

du comté de Bourgogne et de la seigneurie de Salins fait en faveur du mariage de Jeanne, sa sœur, en sorte qu'il renonce au droit qu'il y pouvait prétendre. »

1. Voy. une lettre d'Édouard Ier (8 mai), ap. Rymer, I[3], 52.

2. Clerc, I, 488.

3. *Vid. suprà.*

4. Deux d'entre eux sont du 1er décembre. Les originaux de dix de ces traités étaient conservés au Trésor des chartes. Il n'en reste plus que deux : J 403, n° 18, et J 437, n° 7.

5. Ligue de la noblesse et des communes de Champagne avec la noblesse et les communes de Bourgogne, ap. *Hist. de l'anc. gouv. de la France*, II, 94.

6. L'acte publié par Boulainvilliers, de plus un acte d'association des nobles de Bourgogne et un acte d'association des nobles, des ecclésiastiques et des communes de Bourgogne, ap. *Hist. gén. des sires de Vergy*, p. 230-232.

7. L'acte d'association des trois États de Bourgogne publié par Duchesne, et l'acte d'alliance des nobles et gens du tiers état des provinces de Vermandois,

publié quelques-uns. Boutaric leur a consacré une étude dans le tome XX des *Notices et extraits des manuscrits*[1].

Si nous considérons les actes où il est question de la noblesse de haute Bourgogne et si nous les comparons aux actes de confédération que nous avons analysés, nous trouvons quelques rapports entre eux. En 1314, comme en 1294 et 1295, les alliés nomment un conseil dirigeant duquel relève l'administration de la ligue et du pays tout entier. Les confédérés s'engagent à exécuter ses ordres et à se rendre aux assemblées qu'il convoquera.

Cependant il faut remarquer : 1° que la liste des nobles est beaucoup plus étendue dans les actes de 1314 que dans les actes d'alliance précédents ; 2° que le clergé y est largement représenté[2], alors qu'il figurait à peine dans les confédérations antérieures ; 3° que la bourgeoisie de quelques villes[3], peu nombreuse il est vrai, semble adhérer à la ligue.

Nous avons observé que la bourgeoisie franc-comtoise avait été favorable à Philippe le Bel ; elle lui restera fidèle en ces circonstances. Les communes bourguignonnes dont nous lirons les noms dans les actes de 1314 appartiennent toutes au duché de Bourgogne ; encore Boutaric doute-t-il de la réalité de leur adhésion[4], leurs sceaux ne se trouvant pas au bas des actes.

Si nous parcourons la liste des nobles bourguignons confédérés en 1314, nous y retrouverons quelques-uns des noms qui nous sont connus : Jean de Châlon-Auxerre, Henri de Vergy, sire de Fonvens, les sires de Raon, de Châteauvillain, de Rayl, de Chauvirey, de Pesmes, Humbert et Thiébaut de Rougemont. Il est remarquable qu'à l'exception du comte de Châlon-Auxerre, aucun des confédérés de 1295 ne soit nommé. Auraient-ils hésité à entrer dans l'*alliance* par crainte du roi ou par reconnaissance pour les bienfaits acceptés depuis la paix ?

Beauvaisis, Artois, Ponthieu, avec les trois ordres de Bourgogne, ap. *Notices et extraits des mss.*, XX, 220-225.

1. P. 216 et suivantes.

2. 19 abbés, 7 prieurs et 7 doyens de chapitre ont adhéré à l'alliance entre le clergé, la noblesse et les communes de Bourgogne.

3. Autun, Châlon, Beaune, Dijon, Châtillon-sur-Seine, Sémur, Mombar, Saint-Jean-de-Losne, Flavigny, Nays et Avallon.

4. « Les nobles, pour rendre leur cause populaire, avaient-ils non pas précisément supposé l'adhésion du tiers état, mais transformé des mécontentements secrets en plaintes ouvertes et en actes de rébellion? » *Notices et extraits des mss.*, XX, 219.

Boulainvilliers a vu, dans les actes scellés par les confédérés de 1314, « les derniers titres de notre liberté[1]. » C'est peut-être beaucoup dire. Ils nous représentent en tous cas une éclatante manifestation de l'opposition des provinces ayant vie et coutumes à elles, jalouses de leur autonomie, et des trois états de la nation attachés à leurs privilèges et à leur indépendance, contre l'administration royale, qui fatalement tendait à tout régir, et dans son besoin de centralisation à transformer la France entière sur un modèle uniforme.

Les confédérés eurent d'abord recours aux négociations. Ils firent des représentations au roi[2]. Le roi répondit que nul n'avait à lui apprendre jusqu'où s'étendaient ses droits, qu'il ne changerait rien à ce qu'il avait ordonné, et qu'il était assez puissant pour réduire les rebelles[3]. Philippe le Bel parla et agit[4]. Mais, devant une résistance qui grandissait de jour en jour, il se décida à suspendre la levée d'un impôt qui avait soulevé tant de colères[5]. Nous connaissons assez l'habile et énergique roi de France pour pouvoir affirmer que déjà il se disposait à reprendre de la main gauche ce qu'il avait cédé de la main droite, lorsqu'il mourut, jeune encore, en pleine force et vigueur. Son successeur n'avait pas la même poigne. Louis le Hutin se laissa entraîner par un mouvement de réaction contre le gouvernement du règne précédent qu'il était incapable de comprendre. Il rapporta en bloc les ordonnances de son père dont se plaignaient les confédérés[6]. L'agitation se calma.

Le 6 juin 1315, les barons de haute Bourgogne qui s'étaient reconnus hommes liges du roi de France faisaient remettre au chancelier Étienne de Mornay des lettres par lesquelles ils renouvelaient à leur nouveau suzerain leur acte de foi et hommage[7].

Philippe de Poitiers jugea le moment venu pour aller se pré-

1. *Op. cit.*, II, 94.
2. Doc., ap. *Notices et extraits des mss.*, XX, 226.
3. « Seur lesquels choses il nous fu répondu que li rois estoit bien enfourmés que ch'estoit ses drois, et que autre droit on ne nous en feroit, et que li rois estoit assez poissant de contraindre et de punir les rebelles seur ces choses. »
4. « Et depuis munstré de faict et par manaches que les choses dessus dites il voloit avoir de volenté et par forche et non mie par droit. »
5. Nat. de Wailly, *Mém. de l'Acad. des inscript. et belles-lettres*, XVIII, 501.
6. Boutaric, *Notices et extraits des mss.*, XX, 220.
7. Doc., ap. D. Bouquet, XXII, 769.

senter avec sa femme à ses nouveaux sujets. Une députation de la noblesse franc-comtoise vint le recevoir à la frontière[1].

La confédération formée en 1314 par les seigneurs bourguignons eut une vie plus longue que les confédérations auxquelles elle s'était unie. Nous ne nous en étonnerons pas. Nous savons à présent qu'en pays de Bourgogne ces « alliances » étaient presque passées à l'état d'institution.

Cette rapide histoire d'une première conquête de la Franche-Comté est loin d'être complète. Nous avons omis les négociations que Philippe IV poursuivit avec les souverains allemands, Adolphe de Nassau, Albert d'Autriche et Henri de Luxembourg, au sujet de la province d'Empire qu'il envahissait. Nous avons laissé dans l'ombre les efforts tentés par le roi pour l'organisation du pays et son assimilation au domaine de la couronne. Mais notre article occupe dans la *Bibliothèque* une place qui n'est déjà que trop considérable, et nous n'avons pas voulu sortir d'un sujet nettement délimité.

En terminant, nous devons relever la mesure et la précision que Philippe le Bel apporta dans tous ses actes au cours de cette œuvre de conquête.

Combien sa politique est éloignée de cette manière de faire raide et anguleuse qu'on a coutume de lui prêter !

L'historien Léopold Ranke aurait-il raison lorsqu'il écrit : « Philippe IV savait que ses actes étaient en harmonie avec la nature des choses[2] » ?

C'est ce que nous nous proposons de rechercher ailleurs.

---

1. Piépape, I, 62.

2. « Er wusste dass er im Bunde mit der Natur der Dingen war. » *Französische Geschichte*, I, 45.

PIÈCES JUSTIFICATIVES

I. *1294, 27 février.* — *Acte d'alliance entre l'abbé de Luxeuil*
et vingt-huit barons du comté de Bourgogne[1].

Nous, freres Thiebaus[2], par la grace de Deu, humles abbés de
Luxeu, Haymes de Faucoigney sires de Veler, Henriz sires de Jou
et Jehans ses fiz, Haymes sires de Faucoigney et Jehans ses fiz, Joffrois de Faucogney sires de Saint-Louf, Estiennes d'Oiseler sires de
la Vile-nueve, Jehans ses freres sires de Flaigey, Othes sires de Rayl
et Haymonins ses fiz, Pierres sires de Bellemont et Jehans ses fiz,
Pierres de Jay sires de Mernay, Ponicars sires de Rans, Huedes de
Fonvens chevaliers, Villaumes sires de Quocundray, Renauz de
Cycons chevaliers, Miles sires de Ronchamp, Hugues de Chariey chevaliers, Jehans de Vaytes chevaliers et Jehans ses niez, Girars sires
de Chavirey, Felippes ses freres, Villaumes sires de Vileson, Jehans
sires d'Eingny, Jehans sires de Fougeruelles, Odins de Toraise, et
Felippes de la Rochale,

facons savoir à touz cex qui verront et orront ces presentes lettres
que nous, entre nous, por bien de pais et por nostre commun profit, avons fait cex convenances ensemble, c'est à savoir que li uns

1. Communication de M. Henri Stein. — Une large tache a complètement
détruit une partie du texte. Nous avons indiqué les lacunes par des blancs
entre crochets.
2. Thibaud III de Faucogney.

de nous doit aidier à l'autre, par nouz sairemens faiz et donnez sus
saintes ewangiles corperelment, et recipter en ses maisons, en ses
chasteax et en ses forteresses, à grant force et à petite, en touz nouz`
bestens, en totes nouz guerres et en touz nouz plaiz ; coment que ce
fust, que li uns de nous ou li plusour aussiens affaire contre totes
gens qui à droit ne vourroient venir, des adonc en avant que nous
ou aucun de nous en sariens requis des six persones establies por
governer nous les davant diz aloiez, ou de la plus grant partie de
lour, salve la foy de nous seignours. Et, s'il avenoit que nous, ou
aucuns de nous, aussiens affaire encontre on ou plusors des seignours
de nous aloiez desus diz, li six establi, ou li plus grant partie de
lour, doient resguerder se cil encontre cui seignours on avera affaire
puent aidier en aucune meniere, sens meffaire, par lour, ou par
autres persones, ou par la mission de lour biens ; et cil en doient
faire à l'ordenement des six establiz, ou de la plus grant partie de
lour. Et devons aidier li uns à l'autre, au nostre propre, tant com li
affaires durront. Et ce iert fait au regart de six de nous, c'est à
savoir de Hayme seignour de Veler, Henri seignour de Jou, Hayme
seignour de Faucoigney, Estieinne seignour de la Vile-nueve, [Othe
seignour de] Rayl, et Ponicar seignour de Rans, ou de la plus grant
partie de lour. Et s'ensi estoit que descorz meust entre aucun de
nous, li descorz doit estre amendez au regart des six davant diz, ou
de la plus grant partie [   ] nous [   ]ne ne doit corre sus
l'autre, tant que li six saussient l'acoison et le descort, par la pleinte
venant à lor ou à la plus grant partie de lor ; et li davant dit six ont
juré sus saintes ewangiles que les [   ] ou par droit, ou au plus
pres de droit qu'il porront, à lor esciant, deanz la quaranteinne
ousque pleinte en sera faite à lor ou à l'un de lor ; et en devons faire
au regart de [   ] avenoit que li uns des six aust contens à l'un
de nous autres, ou à l'un de lor, li diz contens doit estre deffaiz au
regart des cinc ou de la plus grant partie de lor ; et se on facoit
[   ] il covenist emprendre plait ou guerre, ou qu'il l'en covenist deffendre, il doit monstrer l'accison auquel des six qu'il trove-
roit, li ques le doit faire asavoir es autres establiz et il en sera
[   ] à cex qui seront les gries comment il s'en souffroient ; et
se à lor requeste il ne s'en vuelent souffrir, des adonc en avant il
feront faire l'aide es pleintiz, au plus brievement que il porront,
selonc le [   ] qu'il soit à faire, et nous tuit li autre devons
faire au commandement et à la volunté des six davant nommez, ou
de ces qui seroient present, ou de la plus grant partie de lor, et li

dit six doient [   ] de nous autres aloiés, ou de la plus grant partie de nous. Et est à savoir que une chascunne des persones ci desus nommées doit metre la somme d'argent ci desoz en sugant en la borse de [   ]ir, et doit aidier uns chascuns à tant de gens comme il s'ensuit ci desouz : c'est à savoir, nous, li diz Thiebaus abbés, devons mettre vint livres d'estevenens ou de monoie corsable en l'arceveschie [..... homes armez] de fer à nouz propres despens; nous, Haymes sires de Veler, deix livres et trois homes armez de fer; nous, Henriz sires de Jou et Jehans ses fix, six livres et dous homes armez de fer; nous, Ha[ymes sires de Faucoigney et] Jehan mon fil, trois homes armez; nous, Estiennes sires de la Vile-nueve, dix livres et trois homes armez; nous, Jehans ses freres, quatre livres et un home armé; nous, Joffrois sires de Seint-Louf, dix [livres et trois homes armez; nous, O]thes sires de Rayl et Haymoninz [ses fiz, dix] livres et trois homes armez; nous, Pierres sires de Bellemont et Jehans ses fiz, dix livres et dous homes armez; nous, Pierres de Jay sires de Mernay, [   ] livres [..... nous, Poni]cars sires de Rans, six livres et dous homes armez; nous, Huedes de Fonvens, six livres et dous homes armez; nous, Villaumes sires de Quocundray, quatre livres et un home armé; nous, Renauz de Cycons chevaliers [....... Mi]les sires de Ronchamp quarante solz et un home armé, Hugues de Chariey [chevaliers] quarante solz et un home armé, Jehans de Vaites chevaliers et Jehans ses niez quarante solz et un home armé, Girars sires de Ch[avirey ..... homes] armez, Felippes de Chavirey cent solz et dous homes armez, Villaumes de Vileson cent solz et un home armé, Jehans sires d'Eingny sexante solz et un home armé, Jehans de Fougeruelles quarante solz [et un home armé, Felippes sir]es de la Rochale quarante solz et un home armé; et doit paier uns chascuns de nous es six desus devisez, ou à lor comandement por ce establi, la some mise sur lui à cex termes, c'est à savoir la moitié [..... proch]ieinnement venant, et l'autre moitié le [   ] jour ensugant après la Touz-seins prochieinnement venant, et ensi devons nous paier chascunne année tant com li aloie-[mens] de nous desus diz durera, et sera [   ] en guarde por soustenir les beseignes de nous et [nos] diz aloiés; et les homes armez de fer, selenc ce qu'il sont devisé sus chascun, doit chascuns envoier à ses propres despens, et tenir tant com mestier sera en l'aide de cel [   ]t par l'esgart des six desus nommez, ou de la plus grant partie de lor, totes celes fois qu'il en seroient requis de part lor; et se plus grant force i covenoit chascuns i doit aidier au suen propre à

petite force et à gr[   ] li ou li plus grant partie de lor esguer-
derent qu'il soit affaire ; et totes foiz que li six establi vaurront que
mestier sera ils manderont les aloiés tous ou partie, et cil qui mandé
saront i doient venir par le saire[   ] en al[   ] ne les dete-
noit, et cil qui par roisenable essoinne ni porroit venir i doit envoier
por lui excuser tel qui soit souffisanz por doner conseil en la beseigne,
et qui ne soit contins es aloiés. Li di six establi doient [   ]
secorre par le [   ] les beseignes des aloiés. qui seront plus
necessaires, selonc le povoir des aloiés, et li dit six establi, ou partie
de lor, doient oir diligemment les pleintes des aloiés et veoir que
eles soient droiturieres, et les doient secorre selonc les beseignes. Et
se aucun, ou plusor des six establiz, facoient defaut ou negligence
aucunne contre les aloiés ou contre les convenances desus dites, li
communs des aloiés, ou li plus granz partie, les en porroit oster et
metre autres en leu de cex ; et si de l'un ou de plusors des six establiz defailloit par mort ou par maladie, li cinc ou li quatre qui
demorroient porroient establir autres des aloiés en leu de cex ; et se
aucuns des establiz ou des aloiés voloit partir dou pais por aucunne
beseigne sorvenant, il doit laisier tel en leu de lui qui puisse faire
por lui autant comme il feroit s'il estoit presens ; et cil cui il laisse-
roit doit faire le sairement en la main des establiz, ou de la plus
grant partie de lor. Et doit durer cest aloiemens jusque au terme de
dix ans continuement venanz des la Paique prochieinne. Et s'il avenoit que aucuns de nous al[oié]s fust encombrez ou pris, li six establi et tuit li autre sens atendre nul termine doient porchacier sa
delivrance au plus brievement qu'il porront. Et volons et outroions
nous tuit, et uns chascuns par lui, que se aucuns de nous venoit
contre ces convenances desus dites, en tot ou en partie, que il soit
encheoiz en la poinne de cent mars d'argent à paier en la main des
diz six establiz ou de lor commandement, et il les doient metre avoc
l'argent de la borse dou commun ; et nous tuit ensemble, et chascuns
par lui, devons gaigier les défaillans à la requeste des six establiz
ou de la plus grant partie de lor, et panre de jor en jor de lor biens
ce que on en porroit trover, tant que à ce que tote li poinne saroit
paiée enterement. Et au chief dou terme de cest aloiement on dost
veoir le moble qui seroit demoranz, et departir par l'esgart des six
ou de la plus grant partie de lor, selonc ce que chascuns i auroit mis.

Totes ces convenances ci desus devisées et chascunne par soi avons
nous promis et promettons li uns à l'autre par nouz sairemens faiz
corperelment, et par solempnel stipulacion, tenir et guerder ferme-

ment, bien et leaument. Et por plus grant seurté, nous les persones desus nommées, qui avons seels, les avons mis en ces presentes lettres, c'est à savoir : nous, Thiebaus abbés de Luxeu, Haymes sires de Veler, Henris sires de Jou por nous et por Jehan nostre fil, Haymes sires de Faucoigney por nous et por Jehan nostre fil, Joffroi sires de Seint-Louf, Estieinnes sires de la Vile-nueve, Jehans ses freres, Othes sires de Rayl por nous et por Haymonin nostre fil, Pierres sires de Bellemont por nous et por Jehan nostre fil, P[ierres] sires de Mernay, Ponicars sires de Rans, Huedes de Fonvens, Villaumes de Quocundray, Renauz de Cycons, Miles de Ronchamp, Jehans d'Eingny et Jehans de Fougeruelles; et nous qui ne avons seel, c'est à savoir : Hugues de Ch[ariey], Jehans de Vaites chevaliers et Jehans ses niez, Girars et Phelippes de Chavirey, Villaumes de Vileson, Odins de Toraise et Felippes de la Rochale, avons requis à religieuse personne et honeste Jehans abbé de Seint-Pol de Besençon qu'il mete son seel en ces presentes lettres, et nos li diz abbés de Seint-Pol, à la requeste des personnes desus nommées qui ne ont seels, avons mis nostre seel en ces presentes lettres, auvec les seels des persones desus nommées qui ont seels; et furent faictes ces lettres et ces convenances le sambedi apres la feste Seint Mathie l'apoustre, ou mois de fewrier, l'an Nostre Seignour que li miliaires corroit par mil dous cenz quatrewinz et treze.

Orig. scellé de 17 sceaux sur cire jaune et queues de parchemin. Tous sont brisés.

(Bibl. nat., fonds Joursenvault.)

II. *1294, 23 août.* — *Hugues et Étienne de Vienne font savoir qu'ils se sont engagés à servir le roi de France contre tous, le comte de Bourgogne excepté.*

A touz ceus qui ces presentes lettres verront, nous, Hugues de Vienne sires de Lonvi chevaliers, et Estevenoz de Vienne ses freres escuiers, salut.

Nous feisons assavoir à touz que nous à tres excellant prince nostre tres chier seigneur Phelippe, par la grace de Dieu roi de France, avons pramis par noz seremenz et prametons que nous loiaument et en bone foi le servirons, et sommes tenuz à aidier, à garder et à deffendre de tout nostre pooir le roiaume de France et à faire guerre, c'est assavoir : nous Hugues à trente hommes d'armes au moins, et je Estevenoz à dis hommes d'armes au moins, contre le roi d'Angleterre et ses aidanz, et contre touz les ennemis du Roi et du roiaume, exceptez seulement noz oncles et noz cousins germains ; en tel maniere tote voies que se noz diz oncles ou cousins s'efforcoient de forfaire au Roi ou au roiaume, nous sommes tenuz à eus grever, en toutes les manieres que nous porrons, comme les ennemis du roiaume, de tout nostre pooir, contre eus meismes et contre toutes autres persones, excepté seulement le conte de Bourgoingne. Et sommes tenuz à aler et mener nostre gent en quelque leu que il plaira au Roi nostre seigneur, pour les besoingnes du roiaume, toutes les foiz que requis en serons de par lui ou de par sa gent, ou se nous veions neis que mestier en fust. En tel maniere que tant comme nous irons es dites besoingnes li Rois sera tenuz à nous donner, pour nous et pour nostre gent, qui avec nous serviront, gages et restours de chevaux, si comme il a acostumé à donner à ceus de son roiaume. Et sommes encore tenuz de recepter en noz chasteaux et en noz forfereces les gens nostre seigneur le Roi, toutes les foiz que requis en serons, ou que mestier en sera. Et nous, quant au dit service faire en la maniere et es condicions dessus escriptes, oblijons au Roi nostre seigneur devant dit, et chascun par soi, toute nostre terre et touz noz biens presenz et à venir.

En tesmoing des quels choses nous, Hugues devant diz, avons mis nostre seel en ces lettres et je Estevenoz ses freres devant diz, pour ce que ie n'avoie pas mon propre seel, i ai fet mettre à ma requeste le seel de mon chier seigneur et pere monseigneur Ph. de Vienne, seigneur de Paingni. Ce fut fet à Gysors, le lundi apres les octaves de la mi-aoust, l'an de grace mil deus cenz quatrevinz et quatorze.

Orig. scellé de deux sceaux sur cire jaune et queue de parchemin.

(Arch. nat., J. 254 A, n° 27.)

III. *1294, juillet.* — *Hugues de Bourgogne s'avoue homme lige du roi de France pour une rente de 300 livres tournois et s'engage à le servir contre tous, le comte de Bourgogne excepté.*

Universis presentes litteras inspecturis, Hugo de Burgundia, miles, salutem.

Notum facimus universis, tam presentibus quam futuris, quod cum excellentissimus princeps et dominus noster, Philippus Dei gracia rex Francorum illustris, nobis et heredibus nostris, in hereditatem perpetuam, dederit et concesserit in feodum trecentas libras turonensium annui redditus, percipiendas a nobis et heredibus nostris, anno quolibet, Parisius, apud Templum, ad festum purificacionis beate Marie virginis, in futurum, — nos eidem domino Regi fidelitatem et ligium homagium, ante omnes homines, excepto comite Burgondie, prestitimus pro eisdem, nostrique heredes eidem et successoribus suis homagium simile facere tenebuntur. Promisimusque eidem quod si ipsum vel successores suos cum rege Anglie, vel aliis quibuscumque, predicto comite duntaxat excepto, guerram habere contigerit, nos, cum gentibus, castris et fortaliciis nostris, toto posse nostro, bona fide, cum sexaginta equitibus armatis ad minus, iuvabimus et serviemus eidem. Idem vero dominus noster Rex nobis et gentibus nostris, quos extra loca nostra pro negociis suis nobiscum conducemus, prestare tenebitur stipendia et restauraciones equorum, prout gentibus regni sui consuevit prestare.

Que ut stabilia perseverent presentibus litteris nostrum fecimus apponi sigillum. Actum apud abbatiam monialensem prope Pontisaram, anno Domini millesimo ducentesimo nonagesimo quarto, mense julio.

Orig. — Le sceau manque.

(Arch. nat., J. 622, n° 33.)

IV. *1296, 16 décembre. — Compte de recettes et dépenses faites dans le comté de Bourgogne pour le roi de France.*

Ce sont li moble qon ai trovey en Bourgogne dou conte :

Premierement, Gotedor ai trovay à Groison xij^{xx} iiij lb. xv s., que en sel, que en aisemenz dou puis;

Item, es estanz, que de gras poissons, que de norrin, M et v^c livrées et xxij lb.;

Item, que pour les arbelestes, que pour les aisemenz des chastex, que pour les garnisons, viiij^c xij lb.; et de ce mostreront totes les pieces;

Item, la maison Girart de Lospital, que li coens ai pour M lb., se li Rois la vuet pour les M lb. si l'ait, et s'il ne la vuet, li coens la vuet bien avoir;

Item, en la salnerie de Salins, ij^m ij^c livrées de sel, xiij lb. viij s. vij d.;

Item, en la garnison dou puis, xj^c lb. iiij^{xx} ij lb. viij s. viij d.;

Item, pahiés au seignor de Ray M v^c lb., qui doit aidier le Roy de ceste guerre et receter en son chastel;

Item, pour xxviij chastex qon ai gardei por lo Roy xvj semenes, et costent li xxviij chastel au garder chascun iour xx lb., ce sont ij^m ij^c xl lb.;

Item, ꞏm lb. dou bois de Verney qon devoit encor le conte à paier à cinc anz;

Item, viij^c lb. dou bois de Mochay à paier à quatre anz au conte, c'est chascun an ij^c lb.;

Item, vj lb. dou bois de Quenosche, à paier chascoin an jusque à trois anz deus cenz lb.

Somme des choses ci desux escrites : xiij^m ij^c xiiij lb. xij s. iij d. tornois petiz.

De ce ai receu li coens de nostre seignor le Roy vj^m lb., et ij^m lb. qu'il ai bien levei de la terre de Borgogne dois qu'ele dut venir en la main le Roy que furent mises ou profit le Roy pour la garde des chastex et por autres besoingnes. Mais comment qu'eles soient mises li coens se tient à paiei de nostre signeur le Roy de viij^m lb., et dou remanant qui est escrit ci desux face sa bone veluntey de ce que li coens en ferai certein.

Ce fui fait le diemange apres feste sainte Lucie, l'an M CC nonante et sis.

Original.   (Arch. nat., J. 255, n° 129.)

V. *1298, mars.* — *Jean de Chalon-Auxerre entre en l'hommage du roi de France.*

A touz ceus qui ces presentes letres verront et orront, Jehans de Chalon, jadis cuens de Aucuerre, sires de Rochefort, salut.

Sachent tout que nous, dou commandement de noble baron Othe, conte palatin de Bourgoigne, et de noble dame Mehaut, femme dudit Othe, sommes entré en l'ommage nostre chier seigneur Phelippe, par la grace de Dieu roy de France, en la maniere que nous estions en l'ommage du dit Othe, et en avons repris les chasteaus de Rochefort, de Orgelot, de Saint-Julien et tous les chasteaus et autres choses que nous tenons dou partage de la terre le conte de Chalon nostre pere jadis, et tout ce que noz devanciers ont deu et nous devions tenir des contes de Bourgoigne, et tout ce que nous tenons et avons en Bourgoigne, en quelconques choses que ce soit, exceptés le chastel de Chasteaubelin et aucuns fiez que nous tenons du duc de Bourgoigne; lesquiels fiez nous prometons baillier et especefier par letres au dit nostre seigneur le Roy dedenz la feste de l'Assumpcion Nostre-Dame prochiene à venir; et excepté encore Monnot, Montcroissant, Saint-Coulon, Chastelerz-sous-Besançon et les fiez de Rie et de Virechastel, et lor appartenances, que nous avons acquis en autrui fie et en alue; et se aucunes choses des dites choses exceptées ou autres que nous tenons estoient ou pooient estre trouvées estre des fiez de Bourgoingne, nous voulons que li homages et la fcautez que nous avons fait au dit nostre seigneur le Roy s'estende à ces choses et en devenons et volons estre des ore hom du dit nostre seigneur le Roy.

Ou tesmoign de la quel chose nous avons mis nostre seel en ces presentes letres. Ce fu fait à Montargis en l'an de grace mil deus cenz quatrevins et dis et sept, ou mois de mars.

Orig. scellé sur lacs de soie. Le sceau manque.

(Arch. nat., J. 253, n° 3.)

VI. *1299, 8 décembre. — Déclaration d'Albert d'Autriche, roi des Romains, concernant les trêves arrêtées par lui entre le roi de France et la confédération franc-comtoise.*

Albertus, Dei gracia Romanorum rex, semper augustus, universis presentes litteras inspecturis salutem.

Notum facimus quod cum serenissimus princeps Philippus rex Francorum illustris, amicus noster karissimus, ad preces et requisicionem nostras, nobis duxerit concedendum quod nos quibusdam Burgondis de comitatu Burgondie qui guerram habent contra ipsum, treugam seu sufferenciam usque ad certum terminum duraturam prolongare possimus ad nostre beneplacitum voluntatis, dummodo dicta prolongacio triennium non excedat; hoc acto quod si predicti Burgondi, vel aliqui ex eis, ipsi Regi vel nobili domicelle Johanne nate nobilis viri Ottonis comitis Burgondie, vel suis, pendente dicta treuga vel sufferencia, dampnum aliquod facerent sive guerram, predicti Rex et puella huiusmodi treuga seu sufferencia minime ligarentur. Non est intencionis nostre nec volumus quod si predicti Burgondi vel aliqui ex eis Regi vel domicelle predictis, treuga seu sufferencia predicta pendente, dampnum aliquod, ut premittitur, facerent, sive guerram, ipsi Rex et puella huiusmodi treuga seu sufferencia aliquatenus ligarentur.

Datum et actum nobis et prefato Francorum rege presentibus apud Quatuor-Valles, die martis octava mensis decembris anno Domini

M° CC° nonagesimo nono, indictione XIII[a], regni vero nostri anno secundo.

Orig. scellé sur cire jaune et queue de parchemin.

(Arch. nat., J. 610, n° 21 1.)

VII. *1301, avril. — La confédération franc-comtoise dépose les armes et s'engage à exécuter les ordres du roi de France.*

Nous Jehans de Chalon sires d'Arlai, Renauz cuens de Montbeliard, Jehans de Bourgoigne, Jehans et Gautiers de Montfaucon, Jehans sires de Faucoignie, Thibauz sires de Nuefchastel, Himbers sires de Clerevaus, Gauchiers de Chatiauvilain, Eudes sires de Montferrant, Guillaumes sires de Corcoudrai, Jehans d'Oiseler sires de Flagie chevaliers et Jehans de Jou escuiers, faisons savoir à touz que de touz les hommaiges à quoi nous et noble homme Pierres sires de Marnai, Gisarz et Guillaumes d'Arguel, Jehanz de Vienne, Simons de Montbeliart, Estienes d'Oiseler sires de Vile nueve chevaliers et Estevenoz sires d'Oiseler escuiers, qui pour certaines causes n'estoient pas avec nous es parties de France, les quelx nous prenons en main quant as choses qui s'ansuient[2], et chascuns de nous sommes et poons estre tenu por raison de conté de Bourgoigne faire et repenre, nous volons, ottroions et prometons loialment en bone foi que nos raisons oies sans delai nous ferons, tenrons, garderons et aemplirons tout ce que tres excellenz et puissanz princes nostres tres chiers sires Phelippes, par la grace de Dieu rois de France, regardera et dira par lui ou par sa court que nous et li devant dit noble home et chascuns de nous soiens tenu à faire. Et ferons et procurerons que li devant dit noble home le feront, tenront, garderont et aempliront. Et quant à ce nous obligeons nous et nos hoirs.

Et pour ce que ceste chose soit ferme et estable nous avons mis nos seaus en ces presentes lettres. Donné l'an de grace mil trois cenz et un, ou mois d'avril.

Orig. scellé de treize sceaux sur cire rouge et cordelettes.

(Arch. nat., J. 253, n° 6.)

1. Actes semblables, Arch. nat., J. 255, n° 40, et J. 610, n° 21 *bis*. — Copies, Bibl. nat., coll. Brienne, 97, fol. 121.

2. Ces chevaliers, qui, pour certaines raisons, n'avaient pu se rendre en France, ratifièrent, le 31 mai suivant, l'acte scellé par leurs alliés. (Orig. au Trésor des chartes, J. 254, n° 48.)

VIII. *1301, avril. — Jean de Chalon-Arlay reprend du roi de France en foi et hommage-lige sa maison de Lille-sur-Braine.*

Nous Jehans de Chalon, chevaliers, sires d'Allay, fairons savoir à touz que comme nous eussiens promis et fussiens tenu à venir et entrer en la foi et en l'ommaige de tres excellent et puissant prince nostre chier seigneur Phelippe, par la grace de Dieu roi de France, par l'ordonnance faite par lui, selonc ce qui est contenu es lettres faites suer ce et seelées de nostre seel et des seaus mon seigneur Renaut, conte de Monbeliart, monseigneur Jehan de Bourgoigne, monseigneur Jehan et mon seigneur Wautier de Monfaucon, et de pluseurs autres, nos aidanz et nos aliez, nous sommes entrez et il nous a receuz en sa foi et en son hommaige lige, pour nous et pour nos hoirs, les quelx nous avons obligié et obligons perpetuelment à faire semblable foi et hommaige à lui et à ses hoirs rois de France. Derechief nous avons repris de lui en fie et en hommaige lige et per-petuel, pour nous et pour nos hoirs nostre maison de Lille-suer-Brene[1], avec toutes les apartenances de la dite maison, lesquelx nous teniens en franc aluef, juques à la value de cent livrées de terre à tournois. Et se einsi estoit que la dite maisons et ses apartenances ne fussent à la value des dites cent livrées de terre, nous prometons par nostre loial creant à li parfaire de nostre heritaige, que nous tenons en aluef, au plus pres de la dite maison, et avons promis et prometons par nostre sairement fait et par nostre foi baillié au devant dit nostre seigneur le Roi, que iamais n'irons par nous, ne par autres, contre li, ne contre ses hoirs, en nul cas, quel que il soit, fors que ou cas seulement que li Rois dessus diz guerroieroit nos autres seigneurs à qui nous sommes tenu par foi et par hommaige avant que ces pre-sentes lettres fussent faites, ou quel cas nous leur aiderions à defendre leur cors et leur terres. Ancois sommes tenu et prometons et obligons nous et nos hoirs par le sairemant et par la foi devant diz que en touz autres cas nous aiderons à nostre devant dit seigneur le roy de France, bien et loialment, encontre touz.

En tesmoing de la quele chose nous avons mis nostre seel en ces presentes lettres. Donné l'an de grace mil trois cenz et un, ou mois d'avril.

Orig. scellé sur cire rouge et cordelettes.

(Arch. nat., J. 253, n° 4.)

1. La Braine, affluent de la Seille (Saône-et-Loire).

IX. *1301, 31 mai. — Lettres par lesquelles Gérard d'Arguel fait savoir qu'il est entré en l'hommage du roi de France. Analyses de lettres semblables données par différents seigneurs du comté de Bourgogne.*

Nous Girars d'Arguel, chevaliers, faisons savoir à touz que nous eussiens promis et fusseins tenuz à venir et à entrer en la foy et en l'omage de tres excellant et poissant prince, nostre tres chier seigneur, Phelippe, par la grace de Dieu roy de France, par l'ordenance faite par lui, selonc ce qu'il est contenu es lettres faites seur ce, et saillés de nostre seel et des seauls des nobles homes Renaut conte de Montbeliart, Jehan de Chalon seigneur d'Arlay, Jehan de Bourgoigne, Jehan et Gauchier de Montfalcon et de pluseurs autres, noz aidanz et noz alliez, nous, li devant dit Girars, avons promis et prometons, et à ce nous obligons par nostre foy corporelment donnée as mains de nobles homes monseigneur Waulepaielle et monseigneur Guy de Nogent, chevaliers nostre dit seigneur le Roy, que nous, dedanz la feste de Touz-sainz prochainement venant, entrerons en la foy et en l'omage lige du dit nostre seigneur le Roy, comme roy de France, en nom de lui et de ses successeurs roys de France, perpetuelment, por nous et por noz hoirs, les ques nous avons obligié et obligons perpetuelment en faire semblable foy et homage à luy et à ses hoirs, roys de France. Derechief nous prometons à reprendre en fiez et en homaige lige perpetuel, por nous et por noz hoirs, du devant dit nostre seigneur le Roy, dedanz le dit terme et en la meniere dessus dite, ij^c livres en deniers; et avons promis et prometons par nostre serement fait et par nostre foy baillié, et le prometons à nostre dit seigneur le Roy en ceste meniere, dedanz le terme dessus dit, que james ne yrons par nous ne par autres contre le dit nostre seigneur le Roy, ne contre ses hoirs, en nus cas quiex qu'il soit, fors que ou cas seulement que se li Roys dessus dit guerroiet noz autres seigneurs aus quiex nous somes tenuz par foy et par homage, avant que ces presentes lettres fusent faites, ou quel cas nous leur aideriens à deffendre leur cors et leur terres. Eincois somes tenuz et prometons et obligons nous et noz hoirs par le sairement et par la foy devant diz, que en touz autres cas nous aiderons à nostre devant dit seigneur le roy de France, bien et loialment, en contre touz; et por totes les convenances, les queles li devanz diz nobles et nous avons envers le dit nostre seigneur le Roy, tenir, garder et acomplir, nous avons donné et baillié en la main des diz chevaliers nostre seigneur le Roy, en nom de lui, seheurté et plaige, noble baron Jehan de Chalon, seigneur d'Arlay, li quex a terre ou royalme.

En tesmoinge de la quel chose nous avons mis nostre seel en ces presentes lettres, données à Besençon, le mercredi apres l'octave de Penthecoste, l'an courant mil trois cenz et un.

Similis littera Guillelmi d'Arguel de ij^c libris, et dat fidejussorem dominum Gaufridum de Montefalconis, militem.

Similis littera Johannis de Vianna, domini de Mirebert, de xxx libratis terre sitis apud Frontenay, et dat fidejussorem Gaucherum de Montefalconis, militem.

Similis littera Stephani domini d'Oyseler de mille et ducentis libris in denariis, et dat fidejussorem dominum Johannem d'Oyseler militem.

Similis littera Symonis de Montbeliard, domini de Montront, de quadraginta libratis terre sitis apud Bure, et dat fidejussorem Johannem dominum de Cuseaul, scutiferum.

Similis littera Petri domini de Mernay de iij^c libris in denariis, et dat fidejussorem Johannem, dominum de Cusel, scutiferum.

Similis littera Stephani d'Oyselier, domini de Villa-nova, de triginta libratis terre sitis apud Charmoille, et dat fidejussorem Girardum de Chavire, scutiferum.

Copié du xive siècle.   (Arch. nat., JJ. 16, n° 16.)

X. *1302, août. — Philippe IV donne à Jean de Chalon-Arlay une rente de 2,000 livres tournois, pour laquelle celui-ci se reconnaît homme lige du roi de France.*

Lettres dou roy de France de doux mille livres de rente que li Roys dona monseignour de Chalon ou tresor de Paris.

Philippus, Dei gratia Francorum rex, notum facimus universis, tam presentibus quam futuris, quod nos dilecto et fideli nostro Johanni de Cabilone, domino de Allato, obtentu grati servicii nobis ab eodem impensi et quod speramus eum in posterum impensurum, presencium tenore concedimus et donamus duo milia librarum turonensium, annui et perpetui redditus, percipiendi thesauro nostro, mille libras videlicet in festo sanctorum omnium et alias mille libras in

festo resurectionis dominice, donec hujusmodi redditum dicto
Johanni alibi in locis competentibus duxerimus assignandum, primo
·solutionis termino in festo sanctorum omnium futuro primo inco-
hando, habendum, tenendum et possidendum a predicto Johanne
heredibusque suis ex ipso et ejus uxore legitime procreatis, seu in
posterum procreandis, et recta linea successuris eidem, in perpetuum
pacifice et quiete.

Pro quo siquidem redditu idem Johannes contra omnes homagium
ligium nobis fecit.

Damus autem thesaurariis nostris modernis et qui pro tempore
fuerint, presentibus in mandatis, ut redditum ipsum memorato
Johanni vel ejus mandato annis singulis, terminis supradictis, absque
alicujus expectatione mandati persolvant.

Quod ut ratum et stabile perseveret presentibus litteris nostrum
fecimus apponi sigillum.

Actum apud Sanctum Germanum in Laya, mense augusti, anno
Domini M° CCC° secundo.

Cartulaire de Hugues de Châlon-Arlay.

(Musée britannique, *Mss. add.*, 17305, fol. 115 v°.)

XI. *1302, 8 août.* — *Jean de Chalon-Arlay, du commandement
d'Othon de Bourgoyne, entre en l'hommage du roi de France.*

Lettres que li cuens Othes de Bourgogne quitta à M‍ʳ de Chalons la
liegue et li comanda qu'il entrast en l'omaige le roi de France.

Philippus, Dei gracia Francorum rex, notum facimus universis,
tam presentibus quam futuris, quod nos litteras infra scriptas vidimus formam que sequitur continentes :

Nos, Giles par la grace de Deu arcevesque de Nerbone, Pierres
evesques d'Aceurre et Jehans evesques de Myaux, faisons savoir à
touz que come nobles hons Jehans de Chalon, sires d'Allay, fust hons
lieges devant touz autres à noble baron Othe comte palatin de Bourgoigne et signour de Salins, per ensi con li diz Jehans le disoit,
et li diz Othes pour ce especiaulment estaubliz en nostre presence
de sa propre et franche volunté a volu, outroié, consenti et comandé
à dit Jehan que li diz Jehans pour lui et pour les suens permaigna-
blement entroit en l'omaige et en la feauté lige de tres excellanz prince
Phelippe per la grace de Deu roy de France, et a quité li diz Othes,

pour lui et pour les suens, à dit Jehan et es suens toute la liegue de laquelle li diz Jehans estoit hons à dit conte san ce toute voies pour le dit conte pour les suens, que li diz Jehans pour lui et pour les suens demore de fie plains hons à dit conte des choses qu'il tenoit ligement dou dit conte.

Et pour ce li diz Jehans, de l'expres comandement dou dit conte, et pour certaines rentes que li diz Roys a doné à dit Jehan, est entrez li dit Jehans en l'omaige lige dou dit Roy.

Et a promis li diz Jehans au dit Roy feauté et leauté contre touz et avant tout autres qui puent vivre et morir.

Encore est à savoir que li diz cuens a volu et outroié que toutes les convenances que li devant diz cuens Othes et ses peres et sa mere ont à devant dit Jehan, à son pere et à sa mere, queles soient tenues, gardées et acomplies à luy devant dit conte et à dit Jehan, par ansi come les dites convenances sunt contenues es estrument sur ce fait.

Et a supplié et requis li diz cuens à dit Roy, que les dites convenances face tenir et garder à dit Jehan, si avant con raison et mesure l'aportera.

En tesmoignage de la quel chose, à la requeste des dites parties, avons mis nos seaus en ces presentes lettres faites et donées à Saint-Germain-en-Laye, le mercredi devant la Saint Lorent, l'an N. Signour corrant per mil trois cenz et deux.

Nos autem premissa omnia et singula rata habemus et grata volumus, laudamus, approbamus eaque teneri et compleri et servari firmiter faciemus.

Quod ut ratum et stabile perseveret presentibus litteris nostrum fecimus apponi sigillum, salvo in aliis jure nostro et in omnibus alieno.

Actum apud Sanctum Germanum in Laya predictum, anno et die quibus supra.

Item lettres doubles de la dite quittance de la liegue, des seaux l'arcevesque de Nerbone, l'evesque d'Auceurre et l'evesque de Miaux dont la tenour est cy desus de mout à mot et en commence : Nos, Giles etc. si come en ceste lettre dessus.

Cartulaire de Hugues de Châlon-Arlay.

(Musée britannique, *Mss. add.*, 1705, fol. 152 v° et 153.)

XII. *1306, 28 août.* — *Jean de Chalon-Arlay fait connaître les conditions sous lesquelles le roi de France l'a nommé gardien du comté de Bourgogne.*

A touz ceus qui ces presentes lettres verront et orront, nous Jehanz de Chalon, sires de Allay, chevaliers, savoir faisons que nous avons receu et pris en garde de nostre tres chier seigneur monseigneur Phelippe, par la grace de Dieu roi de France, le conté de Bourgoigne et touz les appendemenz d'icelui, à garder pour lui et en son non, tenir, governer et exploiter, tant comme il li plaira tant seulement. Si somes tenu et avons promis en bone foi et par nostre sarement, et encor prometons par la teneur de ces lettres sur la feauté et l'omage que nous devons au dit nostre tres chier seigneur, et sur toute painne que nous porrions encorre envers lui, restablir et rendre entierement à lui ou à son successeur roi de France, ou à son certain mandement, le dit conté avec touz les chasteaus, fortereces, et apartenences d'icelui, touteffoiz que nous en serons requis de par lui.

En tezmoing de la quel chose nous avons fait seeler ces lettres de nostre seel. Donné à Paris, le diemenche apres la feste saint Bartholomé apostre, l'an de grace mil trois cens et sis.

Orig. scellé sur cire verte et queue de parchemin.

(Arch. nat., J. 195, n° 94.)

Nogent-le-Rotrou, imprimerie DAUPELEY-GOUVERNEUR.

9 782013 445047